BÄUME

Bäume

Text von J. Pokorný

Illustrationen von D. Toušová

Werner Dausien • Hanau

BÄUME

Text von Ing. Jaromír Pokorný
Illustrationen von Daniela Toušová,
30 Illustrationen von Vlasta Matoušová
Ins Deutsche übertragen von Dr. Lieselotta Teltscherová
Graphische Gestaltung von Daniela Toušová

VERLAG WERNER DAUSIEN · HANAU
ISBN 3-7684-2707-2
3/15/17/52-01

Inhalt

Einleitung

Die Bäume stellen eine wichtige Sauerstoffquelle in der Erdatmosphäre dar, schützen den Boden vor Erosion, sind Bestandteil des Wasserkreislaufs der Erde und säubern die Atmosphäre. An der Oberfläche ihrer Blätter werden Staubteilchen und andere Aerosole sowie auch gasförmige Stoffe aufgefangen. Zusammen mit den Staubkörnern werden auch krankheitserregende Bakterien festgehalten. Außerdem scheiden manche Gehölze wirksame Stoffe, die sogenannten Phytonzide in die Atmosphäre aus, die ebenfalls krankheitserregende Bakterien und schädliche Insekten vernichten und der menschlichen Gesundheit förderlich sind. Auch das Mikroklima wird von den Bäumen positiv beeinflußt. Durch Beschattung mäßigen sie extreme Temperaturen, durch die Transpiration befeuchten und ionisieren sie die sie umgebende Luft und verringern den Einfluß austrocknender Winde. Die Bäume haben einen günstigen Einfluß auf das geistige und körperliche Wohlbefinden des Menschen.

Das Holz ist ein alter, aber auch heute noch bedeutender Rohstoff für den Bau; der aus Bäumen gewonnene Zellstoff wird zur Papiererzeugung verwendet. Die Bäume haben eine wichtige Funktion und deshalb wollen wir sie näher kennenlernen und etwas über ihre Ansprüche an das Licht, den Boden und die Feuchtigkeit erfahren, damit wir Gehölze für verschiedene Zwecke richtig auswählen und ihnen ein gedeihliches Wachstum sichern können.

Stamm, Krone, Habitus

Bäume sind mehrjährige Pflanzen mit verholzten Sproßachsen. In der Regel bilden sie einen Stamm, der sich erst in einer bestimmten Höhe verzweigt und eine beträchtliche Länge erreicht. Bäume der ersten Größenordnung erreichen eine Höhe von mehr als 25 m. Die höchsten ursprünglichen europäischen Bäume sind die Weißtanne und die Gemeine Fichte, die maximal 60 bis 62 m hoch werden. Bäume der zweiten Größenordnung erreichen eine Höhe von 15 bis 25 m (Grauerle, Hainbuche u.a.) und die der dritten Größenordnung werden 5 bis 15 m hoch (Eibe, Weißdorn, Felsenkirsche u.a.). Jedes Jahr wachsen die Bäume auch in die Dicke. Diese wird entweder mit dem Stammdurchmesser in einer Höhe von 130 cm über dem Erdboden angegeben, oder mit dem Stammumfang in derselben Höhe. Der Umfang der stärksten und ältesten Bäume Europas beträgt bis 15 m, das bedeutet, daß sie einen Stammdurchmesser von fast 5 m aufweisen.

Bei den Nadelgehölzen ist der Stamm meist gerade, vom Erdboden bis zum Gipfel durchgehend und teilt sich nicht in starke Äste. Die dünnen Zweige bilden mit dem Stamm einen rechten oder schiefen Winkel. Eine solche Form weist z.B. der Stamm der Tannen, Fichten, Lärchen, Küstendouglasien und der meisten Kiefern auf. Von den Laubbäumen besitzen nur die Erle und die pyramidalen Formen einiger Arten einen durchgehenden Stamm. Bei den Laubbäumen teilt sich der Stamm in einer bestimmten Höhe in starke, aufwärts gerichtete Äste, die sich weiter in immer dünnere Zweige und Triebe teilen. Dieser Komplex der Äste und Zweige wird Baumkrone genannt und die Silhouette des Stammes und der Krone wird als Habitus bezeichnet. Die meisten Bäume weisen eine charakteristische Form des Stammes und der Krone auf, die es ermöglicht, die Art auch aus einer größeren Entfernung zu bestimmen. So hat z.B. die Birke eine hoch angesetzte Krone mit dünnen, überhängenden Ästen, die Erle bildet einen durchgehenden, geraden Stamm, der bis zum Gipfel der Krone reicht, die Linde hat eine breite, runde, kompakte Krone und die Eiche bildet starke, knorrige Äste.

Natürlich wird der Habitus des Baumes auch durch seine Umgebung beeinflußt, besonders dadurch, ob er allein in freiem Gelände wächst (solitär), oder in einem geschlossenen Bestand. Ein einzelnstehender Baum ist dem Wind stärker ausgesetzt, aber das Licht hat von allen Seiten Zutritt zu ihm. Deshalb haben frei wachsende Nadelgehölze einen tief beasteten Stamm, ihre Krone reicht also bis zur Erde. Der Schwerpunkt liegt dann in der unteren Hälfte des Stammes, das Wurzelsystem ist stark entwickelt und der Baum kann Windstößen gut Widerstand leisten. Bäume, die in einem geschlossenen Bestand wachsen, besitzen lange Stämme, die Kronen sind hoch, in der oberen Hälfte oder im oberen Drittel des Stammes angesetzt und wenn sie ihrer Nachbarn beraubt werden, können sie dem Wind nur schwachen Widerstand leisten. Auch bei den Laubbäumen weisen einzelnstehende Bäume einen kurzen, starken Stamm und eine weit ausladende Krone auf, während Bäume in einem geschlossenen Buchen- oder Erlenbestand lange Stämme und erst im oberen Drittel angesetzte Kronen bilden.

Rinde, Borke, Knospen

Die Oberfläche des Stammes ist von der Rinde bedeckt, aus der mit zunehmendem Alter des Gehölzes eine dicke Borke wird. Rinde und Borke bestehen aus Korkschichten und lebendem oder abgestorbenem Bast und schützen den ganzen Stamm, besonders aber das wichtige, Kambium genannte Pflanzengewebe vor Beschädigung und Verdunstung des Wassers. Die Rinde und Borke der einzelnen Gehölzarten besitzen eine charakteristische Struktur und Färbung, nach denen sie sich unterscheiden lassen. So weisen z.B. die Tannen bis ins hohe Alter eine dünne und glatte silbergraue Borke auf. Fichten haben eine rotbraune, in Schuppen abschilfernde Borke. Bei den Laubgehölzen lassen sich nach der Borke z.B. die Stämme der Schwarzerle von denen der verwandten Grauerle leicht unterscheiden. Die Schwarzerle hat im Alter eine schwärzliche, rissige Tafelborke, während die Grauerle eine glatte graue Rinde behält. Ebenso gut lassen sich die Ahornarten nach der Borke voneinander unterscheiden. Der Bergahorn behält lange Zeit seine glatte Rinde, erst später wandelt sie sich in eine in Plättchen abschilfernde Borke um. Der Spitzahorn hat eine schwärzliche, längsrissige Borke. Die Birke zeichnet sich durch eine weiße Rinde aus, die Rotbuche und die Hainbuche durch eine glatte graue, während die Eiche eine schwarze Borke besitzt. Bei manchen Gehölzen entwickeln sich auf den Ästen typische Korkleisten. Dies gilt z.B. für den Feldahorn, die Feldulme und den Amberbaum.

An den Zweigen der Gehölze sitzen die Knospen, die ein gutes Unterscheidungsmerkmal darstellen, besonders bei kahlen Bäumen im Winter. Die

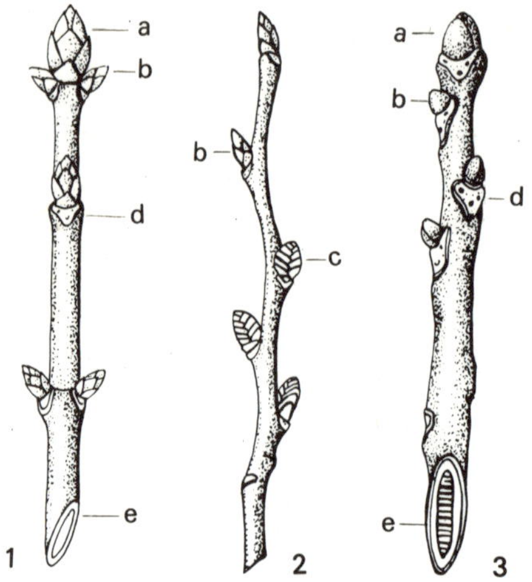

KNOSPEN 1/ Bergahorn, 2/ Ulme, 3/ Walnußbaum (a — Endknospe, b — Seitenknospe, c — Blütenknospe, d — Blattnarbe, e — Mark)

Knospen sind Anlagen von Trieben, Blättern oder Blüten, die durch Hüllschuppen vor Frost und Austrocknen geschütz sind. Die Stellung der Knospen am Zweig stimmt mit der Stellung der Blätter überein, und nach ihr unterscheidet man Gehölze mit wechselständigen und gegenständigen Blättern und Knospen. Bei den Knospen werden auch die Größe, Form, und der Harzgehalt, wie auch die Anzahl und Farbe der Hüllschuppen beachtet. So findet man z.B. bei den Weiden und bei der Platane Knospen, die nur durch eine Schuppe geschützt sind. Zwei sichtbare Schuppen haben die Knospen der Pimpernuß und der Linde, dagegen sind die Knospen der Hainbuche, Rotbuche, Ulme und anderer Bäume vielschuppig. Bei manchen Gehölzen kann man die Knospen nicht sehen, weil sie im Zweig unter der Blattnarbe verborgen sind. Solche verborgene Knospen findet man z.B. bei der Robinie, der Gleditschie und dem Schnurbaum. Die Knospen einiger Gehölze sind nicht von Schuppen bedeckt und die gefaltete Blattanlage wird von dichten, filzigen Haaren geschützt. Diese Knospen werden als nackt bezeichnet (Faulbaum, Schneeball u.a.). Manchmal ragen die Spitzen der grünen Blättchen aus den Knospenschuppen hervor und solche Knospen nennt man halbnackt. Bei den Platanen wachsen die neuen Knospen in der verdickten Basis der Blattstiele und treten erst im Herbst nach dem Blattfall in Erscheinung. Bei manchen Gehölzen haben die Blüten- und Blattknospen eine unterschiedliche Form. Dies gilt vor allem für zeitig im Frühjahr blühende Gehölze (Hartriegel, Ulmen, Schneeball, Magnolien usw.).

Unter der Knospe befindet sich eine unterschiedlich gefärbte Blattnarbe, die Stelle, an der ein Blatt am Zweig hervorwächst. Die Blattnarben weisen bei den einzelnen Gehölzen eine charakteristische Form und unterschiedliche Größe auf. Besonders große Blattnarben findet man bei der Roßkastanie, dem Götterbaum oder der Walnuß.

Auch die Dornen an den Zweigen stellen ein gutes Unterscheidungsmerkmal dar. Dornige Zweige besitzen z.B. die Robinie, die Gleditschie, die Holzbirne, der Weißdorn, die Ölweide und der Sanddorn.

Wurzeln und Wurzelsysteme

Ähnlich wie die Krone hat auch das Wurzelsystem der einzelnen Gehölze wenigstens in groben Zügen eine charakteristische Form, die jedoch von der Umwelt stark beeinflußt wird. Bis zu einem gewissen Grade existiert eine Abhängigkeit zwischen der Form der Krone und der des Wurzelsystems. So breitet sich die Hauptzone der dünnen Wurzeln bei der Fichte mit ihrer dichten, keilförmigen Krone, an der die meisten Niederschläge zum Boden herabfließen, unter dem Umfang der Krone aus, wo die Feuchtigkeit am größten ist. Man unterscheidet tiefwurzelnde und flachwurzelnde Gehölze. Eine Mittelstellung zwischen diesen beiden Gruppen nehmen die Herzwurzler ein. Tiefwurzelnde Gehölze entwickeln schon in der Jugend eine Hauptwurzel, die sogenannte Pfahlwurzel, die tief in den Boden eindringt und sich nur wenig verzweigt (z.B. Gemeine Kiefer, Gemeiner Wacholder, Wintereiche, Riesensequoie, Esche).

Bei den Flachwurzlern sind die Wurzeln tellerförmig in den oberen Bodenschichten ausgebreitet. Zu ihnen gehören z.B. die Gemeine Fichte, die Bankskiefer, manche Douglasien, die Hainbuche und einige Weiden. Diese Gehölze sind nicht fest genug im Boden verankert und werden bei starkem Sturm oder infolge nasser, schwerer Schneelast leicht entwurzelt.

Bei den Herzwurzlern dringen die Wurzeln schräg nach unten in den Boden ein. Sie sind gut im Boden verankert und halten Stürmen stand. Zu ihnen gehört die Europäische Lärche, die Weißtanne, Buche, Linde und der Bergahorn.

Das Wurzelsystem wird von der Umwelt stark beeinflußt. Auf schweren Lehmböden oder an nassen Standorten bilden auch tiefwurzelnde Gehölze ein flaches Wurzelsystem aus, während auf humosen Sandböden die Wurzeln der Flachwurzler in größere Tiefen eindringen.

Die Wurzeln haben mehrere Funktionen. Sie befestigen den Baum im Boden, nehmen Wasser mit gelösten Mineralstoffen auf und speichern für die

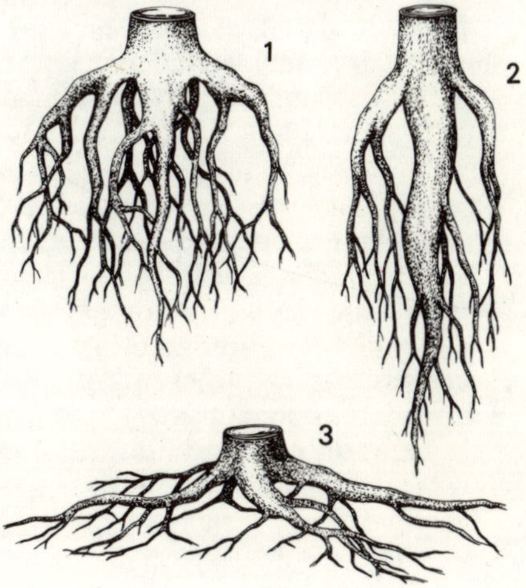

WURZELSYSTEME 1/ Herzwurzel, 2/ Pfahlwurzel, 3/ Flachwurzel

Ernährung des Gehölzes wichtige Reservestoffe. Wasser wird vor allem durch die Wurzelhaare aus dem Boden aufgenommen. Das sind feine Ausstülpungen der äußeren Zellen, die an den Wurzelenden gebildet werden. Auch verschiedene Bakterien und Pilze, die mit den Wurzeln in Symbiose leben, tragen zur besseren Versorgung des Gehölzes mit Wasser und Mineralstoffen bei. So haben z.B. die Erle, Gleditschie, Robinie und andere Schmetterlingsblütengewächse an ihren Wurzeln Knöllchenbakterien, die Stickstoff aus der Luft binden, dem Baum so stickstoffhaltige Nahrung verschaffen und gleichzeitig den Boden mit Stickstoffverbindungen anreichern. Die meisten Gehölze leben in Symbiose mit Pilzen, deren Myzelien entweder die Wurzeln umhüllen oder direkt in die Zellen der Wurzelrinde eindringen. Die Pilze erleichtern den Gehölzen die Aufnahme von Wasser und Mineralstoffen und beziehen von ihnen wieder andere Stoffe, besonders Zucker. Dieses Zusammenleben wird Mykorrhiza genannt. Es ist bekannt, daß bestimmte Pilze an bestimmte Gehölze gebunden sind. So findet man Birkenpilze vor allem in der Nähe von Birken, Zitterpappeln oder Haseln, während Steinpilze oft Fichten, Kiefern, Eichen und Buchen begleiten und der Butterpilz bevorzugt unter Lärchen und Kiefern wächst.

Blätter

Die Blätter beteiligen sich an der Ernährung des Baumes, an der Atmung und an der Transpiration. Sie weisen bei den einzelnen Bäumen sehr verschiedenartige Formen auf und bilden ein wichtiges Unterscheidungsmerkmal bei der Bestimmung der Gehölze. Eine sehr unterschiedliche Form haben die Blätter der Nadelgehölze. Sie sind schmal, hart und werden als Nadeln bezeichnet. Bei den meisten Nadelgehölzen bleiben sie den Winter über am Baum und werden erst im Laufe von zwei bis zehn Jahren nach und nach ausgewechselt. Die Nadelbäume sind Gehölze der nördlichen Gebiete und der Gebirge mit rauhen klimatischen Bedingungen und einem kurzen Sommer. Um diese kurze Vegetationszeit optimal ausnutzen zu können und keine Zeit mit der Bildung neuer Blätter zu verlieren, haben sie ausdauernde Nadeln, die zur Assimilation bereit sind, sobald die Temperatur steigt.

Die Laubbäume sind in Nord- und Mitteleuropa größtenteils laubabwerfend (sommergrün), d.h. sie werfen das Laub jedes Jahr vor Einbruch des Winters ab und im Frühjahr treiben neue Blätter aus. Die grünen Blätter sind für die Pflanze ein sehr wichtiges Organ. In ihnen vollzieht sich die Photosynthese, eine chemische Reaktion, an der sich das von den Wurzeln mit den Mineralstoffen aus dem Boden aufgenommene Wasser beteiligt, wie auch Kohlendioxid, das aus der Luft in die Blätter gelangt, und die Sonnenenergie. Das Produkt der Photosynthese ist unlösliche Stärke. Aus ihr entstehen einfachere Stoffe, die löslichen Zucker, die der Pflanze als Baumaterial für das Wachstum dienen. Gleichzeitig geben die Pflanzen während der Photosynthese Sauerstoff an die Luft ab und schaffen so eine unerläßliche Voraussetzung für das Leben auf der Erde.

Durch die mit vielen Spaltöffnungen versehene Blattfläche verdunstet Wasser in die Atmosphäre; dieser Vorgang wird Transpiration genannt. Die

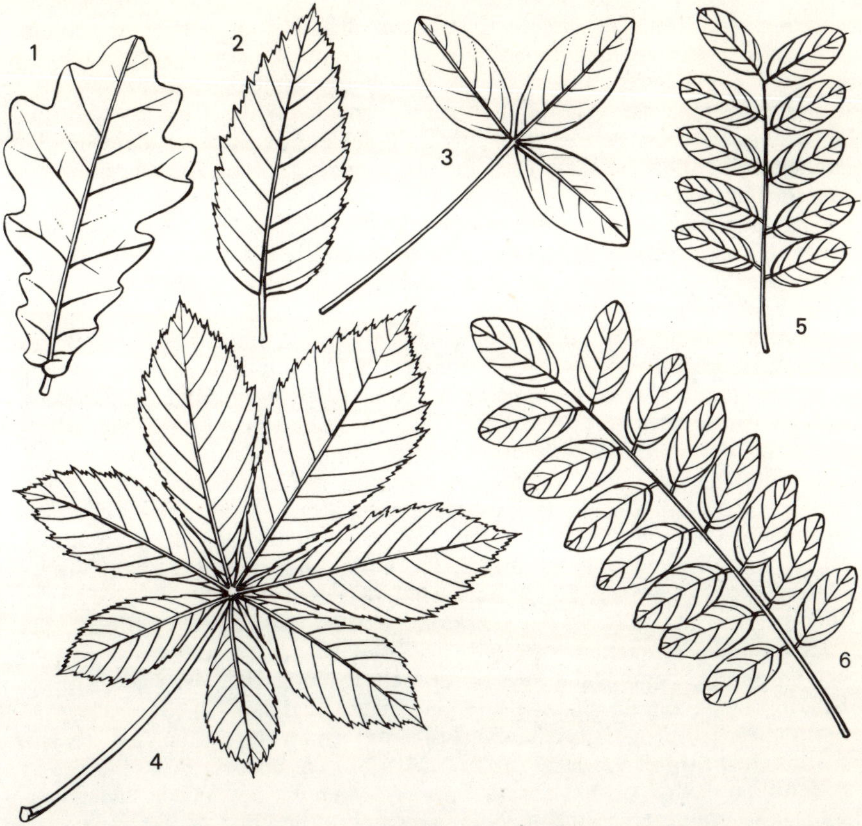

BLÄTTER 1–2 einfache Blätter: 1/ Eiche, 2/ Hainbuche; 3–6 zusammengesetzte Blätter: 3/ dreizähliges Blatt (Goldregen), 4/ handförmig zusammengesetztes Blatt (Roßkastanie), 5/ paarig gefiedertes Blatt (Erbsenstrauch), 6/ unpaarig gefiedertes Blatt (Robinie)

Menge des verdunsteten Wassers reguliert die Pflanze durch das Öffnen oder Schließen der Spaltöffnungen, manchmal auch durch Einrollen oder durch Abwenden der Blätter von der Sonne.

Das Blatt besteht aus der Spreite, dem Blattstiel und manchmal auch aus Nebenblättern. Mit dem Blattstiel ist das Blatt am Zweig angewachsen, auch können die Stiele die Bewegung der Blätter ermöglichen. Je nachdem, ob die Blattspreite ein zusammenhängendes Ganzes bildet oder in mehrere selbständige Teile zerfällt, unterscheidet man einfache (Linde) oder zusammengesetzte Blätter (Robinie). Die einfachen Blätter können verschiedene Formen der Blattspreiten aufweisen und danach unterscheidet man lineare, lanzettliche, eiförmige, verkehrt eiförmige, rundliche, herzförmige, gelappte oder handförmig gelappte Blätter.

Zusammengesetzte Blätter können handförmig zusammengesetzt oder gefiedert sein. Bei handförmig zusammengesetzten Blättern teilt sich die Blattspreite in selbständige Blättchen, die vom Blattstiel ausgehen. Man unterscheidet dreizählige, fünfzählige, siebenzählige bis vielzählige Blätter. Bei gefiederten Blättern ist die Blattspreite in mehrere Blättchen geteilt, die paarweise dem Hauptnerv (Spindel) entlang angeordnet sind. Man unterscheidet unpaarig gefiederte Blätter, wenn die Zahl der Blättchen ungerade ist (Robinie, Esche) und paarig gefiederte, die eine gerade Zahl von Blättchen aufweisen (Erbsenbaum).

Der Blattgrund ist keilförmig verschmälert (Traubeneiche), abgerundet (Birne), herzförmig (Linde) oder geöhrt (Stieleiche). An der Spitze ist die Blattspreite zugespitzt (Birke), lang zugespitzt (Schwarzpappel) oder abgerundet bis ausgeschnitten (Schwarzerle).

Der Blattrand kann ganzrandig sein (Hartriegel), gewellt (Salweide), gesägt (Kirsche), doppelt gesägt (Grauerle) oder gelappt (Eiche). Für manche Gehölze ist der Verlauf der Gefäßbündel charakteristisch, durch die Säfte mit den gelösten Nährstoffen geleitet werden — das sogenannte Adernetz. Dieses ist bei den meisten Gehölzen gefiedert, mit einem deutlich hervortretenden Mittelnerv, von dem nach beiden Seiten die Seitennerven (Nerven zweiter Ordnung) ausgehen. Eine Verbindung zwischen ihnen wird durch die Nerven dritter Ordnung hergestellt. Der Hauptnerv teilt die Blattspreite in der Regel in zwei gleiche, symmetrische Teile. Bei einigen Gehölzen sind aber diese Hälften — besonders am Blattgrund — ungleich; solche asymmetrische Blätter findet man z.B. bei der Ulme und dem Nessel- oder Zürgelbaum. Bei anderen Gehölzen gehen vom Ende des Blattstiels mehrere (3 bis 9) Hauptnerven aus, die handförmig auseinandergehen. Ein solches Adernetz tritt bei handförmig gelappten Blättern auf (Ahornarten, Platane).

Die meisten europäischen Laubgehölze werfen im Herbst ihr Laub ab. Die organischen Stoffe wandern vorher in den Stamm und die Wurzeln. Durch den Abbau des Chlorophylls und eine Verschiebung des Verhältnisses zwischen den Pflanzenfarbstoffen, den Karotinoiden und den Anthozyanen, ändern die Blätter ihre Farbe. Für viele Gehölze ist diese Färbung typisch. So färben sich die Birke, die Pappel und die Esche goldgelb, die Buche braun, die Roteiche und manche Ahornarten rot, der Essigbaum und der Amberbaum nehmen eine purpurrote Farbe an. Danach bildet sich zwischen dem Blattstiel und dem Zweig eine Korkschicht, die die wasserführenden Gewebe unterbricht. Die Blätter fallen ab und dabei gelangt ein großer Teil der Mineralstoffe in den Boden zurück, aus dem sie die Pflanze während der ganzen Vegetationszeit aufgenommen hat.

Blüten

Die Bäume vermehren sich größtenteils durch Samen, die durch die Vereinigung einer männlichen und einer weiblichen Geschlechtszelle entstehen. Diese Geschlechtszellen entwickeln sich bei den Gehölzen in den Blüten oder Zapfen, also in Organen, die durch Umbildung aus Blättern zum Zwecke der Fortpflanzung entstanden sind. Zu einer voll entwickelten Blüte gehören der Kelch, die Krone, die Staubblätter und der Stempel. Die Staubblätter sind männliche Geschlechtsorgane und bestehen aus Staubfäden und Staubbeuteln. Im Staubbeutel entwickelt sich der Blütenstaub (Pollen) und nachdem er gereift ist, fällt er heraus. Die weiblichen Geschlechtszellen entstehen in der vielzelligen Samenanlage, die sich auf dem Fruchtblatt entwickelt. Bei den meisten Laubgehölzen verwachsen mehrere Fruchtblätter zu einem hohlen Stempel. Der Stempel, das weibliche Geschlechtsorgan, besteht aus dem Fruchtknoten, in dem sich die Samenanlagen befinden, dem schmalen Griffel und der klebrigen Narbe, an der die Pollenkörner haften bleiben. Bei den Nadelhölzern verwachsen die Fruchtblätter nicht, so daß die Samenanlagen an der Oberfläche des offenen Fruchtblattes sitzen. Die Nadelgehölze werden deshalb als Nacktsamer bezeichnet, während die Laubgehölze Bedecktsamer genannt werden.

Enthält die Blüte beiderlei Geschlechtsorgane, also Staubblätter und Stempel, so wird sie als zwittrig bezeichnet (Linde, Kirsche, Robinie u.a.). Enthält sie nur männliche oder nur weibliche Geschlechtsorgane, wird sie eingeschlechtig genannt (Nadelgehölze, Birke, Erle, Eiche u.a.) Befinden sich männliche und weibliche Blüten auf einem Baum, spricht man von einhäusigen Gehölzen (Fichte, Birke, Erle). Besitzt aber ein Baum nur männliche oder

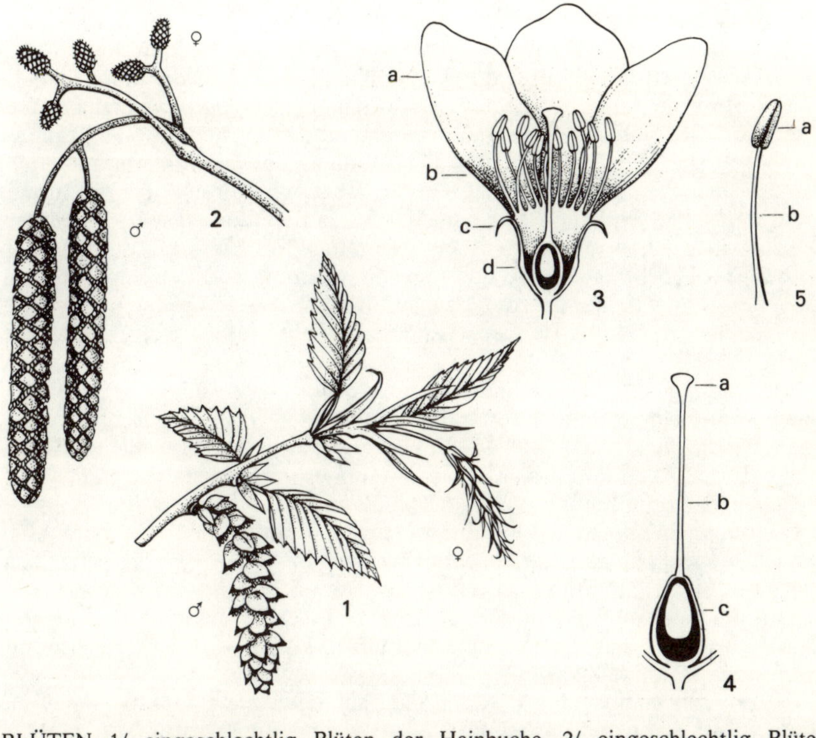

BLÜTEN 1/ eingeschlechtlig Blüten der Hainbuche, 2/ eingeschlechtlig Blüten der Erle, 3/ zwittrige Blüte der Kirsche (a – Krone, b – Staubblätter, c – Kelch, d – Stempel), 4/ Teile des Stempels (a – Narbe, b – Griffel, c – Fruchtknoten), 5/ Teile des Staubblattes (a – Staubbeutel, b – Staubfaden)

nur weibliche Blüten, spricht man von einem zweihäusigen Gehölz (Eibe, Wacholder, Weide, Pappel).

Im Unterschied zu den Sträuchern und Kräutern weist die Mehrzahl der Bäume unscheinbare Blüten auf. In den Blüten der windblütigen Gehölze, die durch den Wind bestäubt werden, fehlen oft die Kronblätter oder sie sind verkümmert. Die Blüten der insektenblütigen Gehölze locken mit ihren bunten Farben Insekten zur Bestäubung an. Mit der Art der Bestäubung hängt bis zu einem gewissen Grad auch die Blütezeit der einzelnen Gehölze zusammen. Die windblütigen Gehölze (Erle, Birke, Pappel, Hainbuche) blühen zeitig im Frühjahr, wenn der Pollen durch die kahle Krone leichter zu den Stempeln gelangen kann. Insektenblütige Gehölze (Kirsche, Linde, Robinie) blühen später, nach dem Austreiben der Blätter. Bei den Gehölzen kommen nur selten einzelne Blüten vor. Meist sind sie in einer größeren Zahl zu einem sogenannten Blütenstand vereinigt (Kätzchen, Ähre, Traube, Rispe, Dolde, Doldentraube).

Samen und ihre Verbreitung

Die Befruchtung kommt dadurch zustande, daß der Wind oder Insekten das Pollenkorn auf die Narbe übertragen, wo es keimt und einen Pollenschlauch bildet, der rasch den Griffel durchwächst und zu der in der Samenanlage eingeschlossenen Eizelle gelangt. Die männlichen und weiblichen Geschlechtszellen verschmelzen miteinander und die befruchtete Samenanlage entwickelt sich zum Samen. Durch Umwandlung des Fruchtknotens entsteht bei den bedecktsamigen Gehölzen in der Regel eine Frucht, die einen oder mehrere Samen enthält. Nach der Art des Freiwerdens der Samen unterscheidet man aufspringende Früchte und Schließfrüchte, nach der Beschaffenheit der Fruchthülle echte und unechte, trockene und fleischige Früchte. Die häufigsten Fruchttypen der Laubgehölze sind die Flügelfrucht, die Nuß, das Nüßchen, die Hülse, die Kapsel, die Steinfrucht, die Beere und die Scheinfrucht.

Zur Bildung von Samen und Früchten benötigt der Baum beträchtliche Mengen an Nährstoffen, die er während einer langen Zeit anhäuft. Großsamige Bäume liefern nur alle 4 bis 8 Jahre reichere Erträge (Eiche, Buche, Walnuß u.a.). Auch in nördlichen Gebieten oder im Gebirge tragen die Bäume nur in längeren Zeitintervallen Früchte und Samen.

Die Bäume beginnen erst Früchte zu tragen, wenn sie ein bestimmtes Alter erreicht haben. Dieses Alter ist bei den einzelnen Gehölzen unterschiedlich. Für den Eintritt der Fruchtbarkeit ist es auch wichtig, ob ein Baum einzeln wächst oder sich in einem dichten Bestand befindet. Bei Bäumen, die in einem Bestand wachsen, tritt die Fruchtbarkeit um 10 bis 15 Jahre später ein als bei einzelstehenden Exemplaren.

In verhältnismäßig jungem Alter, ungefähr im zehnten Jahr, beginnen die Birke, Erle, Lärche und Pappel, Früchte zu tragen. Mit 20 bis 30 Jahren tragen die Kiefer, Douglasie, der Ahorn und die Eßkastanie Früchte, mit 40 Jahren die Fichte und Eiche und mit ungefähr 50 Jahren die Tanne, Zirbelkiefer und Buche.

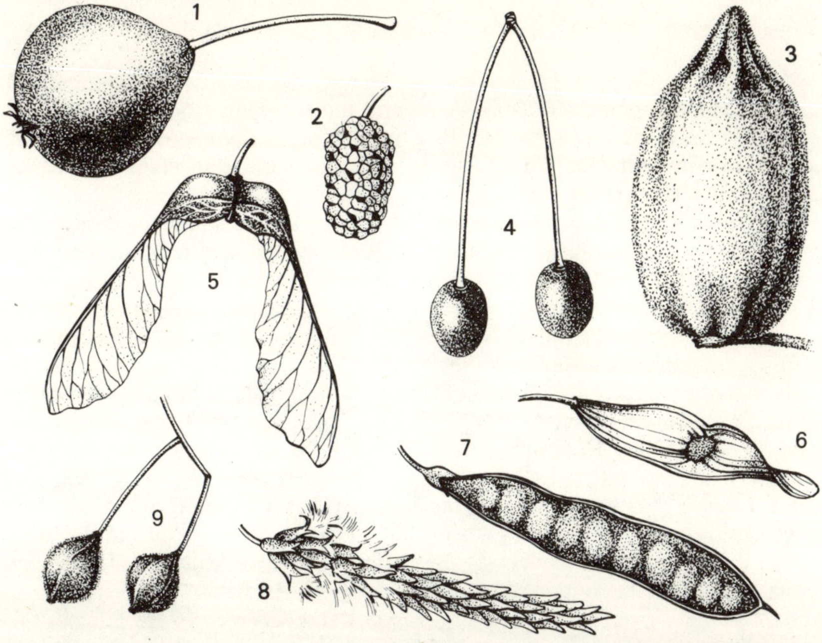

FRÜCHTE 1/ Scheinfrucht der Birne, 2/ Fruchtstand der Maulbeere, 3/ Nuß der Butternuß, 4/ Steinfrucht der Kirsche, 5/ Flügelfruchtpaar des Ahorns, 6/ Flügelfrucht des Götterbaumes, 7/ Hülse der Robinie, 8/ Kapseln der Weide, 9/ Nüßchen der Linde

Damit die Samen geeignete Stellen erreichen, wo sie keimen und zu voll entwickelten Pflanzen werden können, sind sie mit besonderen Einrichtungen ausgestattet, die ihnen eine Verbreitung auf größere oder kleinere Entfernungen ermöglichen. Die meisten sind für eine Verbreitung durch den Wind geeignet, daher behaart (Weiden, Pappeln), besitzen häutige Flügel (Birke, Ulme, Fichte, Kiefer) oder härtere Deckblätter (Ahorn, Linde, Hainbuche), mit deren Hilfe sie in größere Entfernungen vom Mutterbaum gelangen können. Die Samen mancher Gehölze sind an eine Verbreitung durch Vögel oder andere Tiere angepaßt. Die fleischigen, auffallend gefärbten Früchte dieser Gehölze werden von Tieren gesucht und gefressen, die Samen verbreiten sich dann mit ihrem Kot in der Umgebung (Eibe, Traubenkirsche, Eberesche u.a.). Bei anderen Gehölzen dient der Samen direkt als Nahrung für die Tiere (Eiche, Buche, Kastanie). Die meisten Samen werden zwar von den Tieren an Ort und Stelle konsumiert, aber manchmal verlieren sie sie oder verbergen sie in Verstecken in der Erde und dadurch verbreiten sich diese Gehölze ebenfalls. Die Geschichte des Waldes in der Nacheiszeit zeigt, daß auch diese Verbreitungsweise sehr wirksam ist. Auf beim Zurückweichen der Gletscher freigelegten Flächen erschienen zunächst die Birke und Kiefer, deren Samen durch den Wind verbreitet werden. Auf sie folgten sehr bald die Hasel und die Eiche, deren schwere Samen von den Tieren verbreitet wurden.

Wachstum und Alter der Bäume

Das Höhenwachstum der Bäume während ihres Lebens läßt sich durch eine Kurve veranschaulichen, die zu Beginn langsam und später rasch bis zu einem bestimmten Maximum ansteigt und dann auf dem erreichten Stand bleibt. Das Dickenwachstum dauert hingegen bis ans Lebensende.

Nach der Wachstumsgeschwindigkeit kann man die Bäume in groben Zügen in drei Gruppen einteilen, in rasch-, mittelrasch- und langsamwüchsige. Ein wichtiges Kriterium ist das Alter, in dem ein Baum seinen maximalen Zuwachs erreicht. Das Höhenwachstum raschwüchsiger Gehölze erreicht seinen Höhepunkt bald, zwischen dem 5. bis 10. Lebensjahr (Birke, Pappel, Erle). Bei mittelraschwüchsigen Gehölzen wird der Höhepunkt um das 20. Lebensjahr erreicht (Kiefer, Esche, Ahorn, Eiche) und bei langsamwüchsigen nach dem 40. Jahr (Fichte, Tanne, Buche, Zirbelkiefer). Langsamwüchsige Gehölze setzen ihr Höhenwachstum bis ins hohe Alter fort. Dieser Gruppe gehören auch die höchsten europäischen Bäume an, wie die Weißtanne und die Gemeine Fichte, die in Urwäldern eine Höhe von mehr als 60 m erreichen. Noch höhere Bäume wachsen auf dem amerikanischen und australischen Kontinent. So erreichen die bekannten Riesensequoien eine Höhe von etwa 100 m und ihr Stammdurchmesser beträgt 8 bis 9 m. Andere amerikanische Gehölze, wie die Küstensequoie, die Küstendouglasie, die Silbertanne, die Riesentanne u.a. werden bis 90 m hoch. Die höchsten Bäume sind einige Eukalyptus-Arten in Australien, die eine Höhe von 150 m erreichen.

Der jährliche Höhenzuwachs verläuft bei den Gehölzen der gemäßigten Zone nur während einer kurzen Zeit. Er beginnt mit dem Austreiben der Knospen im Frühjahr, dauert 4 bis 5 Wochen und endet mit der Bildung einer neuen Endknospe (Terminalknospe). So vollzieht sich der Zuwachs z.B. bei der Kiefer, Fichte, Tanne, Eiche, Esche u.a. Daneben existieren Gehölze, bei denen der jährliche Zuwachs 3 bis 4 Monate andauert. Zu dieser Gruppe gehören z.B. Pappel, Erle, Birke, Lärche und der Urwelt-Mammutbaum.

Anders geht das Dickenwachstum der Gehölze vor sich, das während der ganzen Vegetationsperiode anhält. Im Frühjahr wird das lockere Frühholz gebildet, im Sommer das dichtere Spätholz. Aus ihnen entsteht ein im Querschnitt des Stammes sichtbarer Jahresring. Durch Zählen der Jahresringe an einem Baumstumpf kann das Alter des gefällten Baumes bestimmt werden. Die Breite eines Jahresringes wird vom Wetter, das während des Jahres herrscht, beeinflußt. In Jahren mit günstiger Witterung ist der Jahresring breiter, in solchen mit ungünstiger Witterung schmaler. Diese Abhängigkeit macht sich eine wissenschaftliche Disziplin, die Dendrochronologie, zunutze. Nach den Jahresringen bestimmt sie das Alter des Holzes und die klimatischen Veränderungen, zu denen es in den vergangenen Jahrhunderten gekommen ist.

Die endgültige Dicke, die ein Stamm erreicht, wird vor allem von der Lebensdauer des Baumes beeinflußt. Der Stamm kurzlebiger Gehölze weist auch einen viel kleineren Durchmesser auf als dies bei langlebigen Gehölzen der Fall ist. Zu den kurzlebigen Gehölzen gehören die Lichtgehölze, die sich in der Jugend rasch entwickeln und bald altern. Sie erreichen ein Alter von etwa 80 bis 150 Jahren; zu ihnen gehören z.B. die Salweide, Pappel, Zitterpappel, Eberesche, Birke u.a. Ein mittleres Alter von 200 bis 300 Jahren können die Erle, Hainbuche, Schwarzpappel, Kiefer und Lärche erreichen; ungefähr 500 Jahre die Buche, der Bergahorn und die Ulme und ein Alter von 500 bis 700 Jahren die Fichte und Tanne. Die ältesten Bäume in Mittel- und Westeuropa sind die Linden, Eichen und die Eibe, die über 1000 Jahre alt werden können. In den Mittelmeerländern wachsen Platanen, Eßkastanien und Zedern, die sogar ein Alter von 2000 Jahren erreicht haben sollen.

Auf dem amerikanischen Kontinent gibt es noch ältere Bäume. So wird z.B. die Riesensequoie aus Kalifornien 3500 Jahre alt. In den Rocky Mountains des Staates Nevada wurde kürzlich ein Bestand von Grannenkiefern entdeckt, in dem manche Bäume über 4200 Jahresringe aufwiesen.

Taxonomie und Nomenklatur

Die Taxonomie ist eine biologische Disziplin, die sich mit der Veränderlichkeit, Entstehung und Verwandtschaft der Arten befaßt, wie auch mit ihrer Einordnung in höhere Einheiten (Taxone), z.B. die Gattung, Familie, Ordnung usw. Gleichzeitig unterteilt sie die Art auch in niedrigere Einheiten, z.B. Unterarten (subspecies, abgekürzt ssp.) oder Varietäten (varietas, abgekürzt var.). Jedes Gehölz besitzt zwei lateinische Namen, von denen der erste die Gattung (genus) und der zweite die Art (species) bezeichnet. Nach ihnen folgt der abgekürzte Name des Botanikers, der ihr diese Bezeichnung gegeben und mit der Beschreibung der betreffenden Pflanze veröffentlicht hat. So ist z.B. *Juniperus communis* L. der wissenschaftliche Name des Gemeinen Wacholders und die Abkürzung L. bedeutet, daß der Name und die Beschreibung des Gehölzes erstmals von dem bekannten schwedischen Naturwissenschaftler Carl von Linné veröffentlicht wurden. Außer den Varietäten, die in der freien Natur entstehen, existieren heute viele Kulturvarietäten, die zum Nutzen oder zur Zierde gezüchtet wurden. Die sogenannten Sorten tragen z.B. die zusätzliche Sortenbezeichnung 'Pendula' oder cv. Pendula.

Natürliche Verbreitung der Gehölze

Jedes Gehölz hat ein natürliches Verbreitungsgebiet auf der Erdoberfläche (das Areal seiner Verbreitung). Die Areale der einzelnen Gehölze können eine sehr unterschiedliche Größe besitzen. Manche Gehölze sind in fast ganz Europa natürlich verbreitet, andere sind auf Südeuropa beschränkt und wieder andere kommen auf einer kleinen, nur einige tausend Quadratkilometer großen Fläche vor. Arten mit einem so kleinen Areal sind meistens Restbestände aus früheren Zeiten, in denen sie weit verbreitet waren. Ihr Auftreten wurde durch geologische Katastrophen oder klimatische Einflüsse stark eingeschränkt. Man bezeichnet sie als Relikte, z.B. aus dem Tertiär oder aus der Eiszeit.

Pflanzen mit einem sehr ausgedehnten Areal werden als Kosmopoliten bezeichnet. Sie stellen keine besonderen Anforderungen an das Klima, vertragen starke Fröste, wie auch ziemlich hohe Temperaturen (Weißbirke, Gemeine Kiefer, Gemeiner Wacholder u.a.). Andere Gehölze, die z.B. nur in Südeuropa vorkommen, sind gegen niedrige Temperaturen empfindlich und gedeihen nicht in kälteren Gebieten (Manna-Esche, Kastanie, Korkeiche u.a.). Andere Arten erfordern wiederum ein feuchteres, ausgeglichenes maritimes Klima (Rotbuche, Hainbuche). In Gebieten mit kontinentalem Klima, das sich durch einen heißen Sommer und einen rauhen Winter auszeichnet, wachsen sie nicht.

Will man ein Gehölz in neuen Gebieten anpflanzen oder dorthin einführen, muß man das Areal seiner natürlichen Verbreitung kennen. So kann man feststellen, ob ihm ein maritimes oder kontinentales Klima, die feuchten Standorte der Flußtäler oder umgekehrt trockene und warme Hänge mehr zusagen. Besonders beim Einführen fremdländischer Gehölze in neue Gegenden ist es wichtig, sich vorher mit den Bedingungen bekanntzumachen, unter denen sie in ihrer Heimat gedeihen.

Die Grenzen der natürlichen Verbreitung bilden aber keine so scharfe Trennungslinie, daß das Gehölz jenseits von ihr keine geeigneten Lebensbedingungen finden kann. Man darf nicht vergessen, daß die heutige Verbreitung der Pflanzen durch die Eiszeit beeinflußt wurde, als sich die Gletscher in Gebiete erstreckten, die vorher nicht vereist waren, so daß die Pflanzen gezwungen waren, nach dem Süden zurückzuweichen. In der Nacheiszeit, als die Gletscher zurücktraten, kamen die Gehölze aus ihren Zufluchtsgebieten wieder zurück nach Norden. Viele Arten haben aber bis zum heutigen Tag nicht das ganze Gebiet besetzt, das ihren Lebensanforderungen entspricht. Den Gehölzen, die nach Südeuropa zurückgewichen waren und die von dort nach Norden zurückkehrten, stellten sich nämlich die Gebirgskämme der Alpen und Karpaten in den Weg, die von Westen nach Osten verlaufen. Diese Barrieren halten die nördliche Grenze ihrer Verbreitung südlich von diesen Gebirgsketten aufrecht, obgleich sie jenseits der Berge wieder geeignete Lokalitäten für ihr Wachstum finden würden (Schwarzkiefer, Eßkastanie u.a.). Will man also solche Gehölze in nördliche Gebiete einführen, so muß man warme und geschützte Lagen für sie auswählen oder ihnen ihre südliche Heimat durch eine warme Unterlage aus Kalkstein, Basalt oder Andesit zu ersetzen suchen.

Die Geschichte des Waldes

Die gegenwärtige Zusammensetzung der Wälder und die Verbreitung der Gehölze ist das Ergebnis einer langfristigen Entwicklung. Die Spuren dieser Entwicklung kann man anhand von Abdrücken oder Versteinerungen, der mächtigen Kohlenflöze in verschiedenen geologischen Schichten oder der sogenannten Pollendiagramme verfolgen. Über die Vertretung der einzelnen Gehölze und ihren Wechsel in den erdgeschichtlichen Zeiten unterrichtet uns die Pollenmenge, die sich in verschieden alten Schichten der Torfmoore in ganz Europa erhalten hat.

Die Eiszeit, die vor etwa elftausend Jahren endete, verdrängte eine reiche

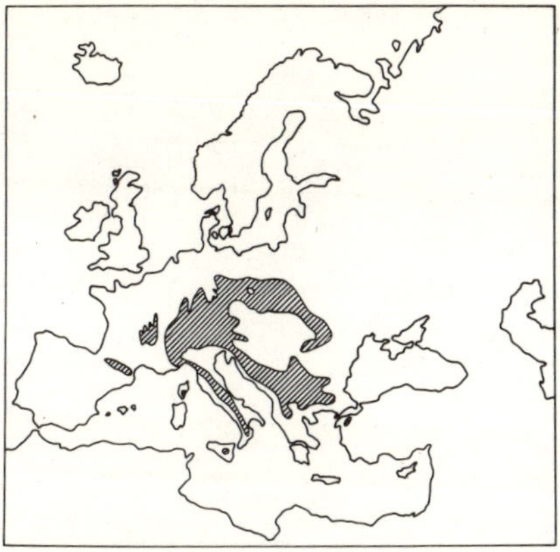

Verbreitung der Weißtanne

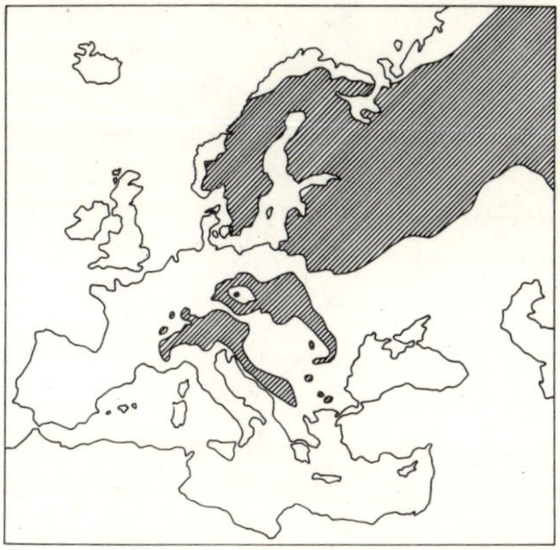

Verbreitung der Gemeinen Fichte

und mannigfaltige Vegetation aus Mittel-, West- und Nordeuropa. Die nördliche Hälfte des europäischen Festlandes etwa auf der Linie Rheinmündung, Münster, Ostrava war von einer mächtigen Eisschicht bedeckt. Südlich vom Gletscher breitete sich die Tundrazone mit Moosen, Flechten und kriechenden Büschen aus. Hier gedieh keine einzige Baumart. In der Nacheiszeit begann der Gletscher nach Norden zurückzuweichen und in die freigewordenen Gebiete Mitteleuropas drang als erster Baum die Gemeine Kiefer vor. Sie wurde vereinzelt von der Birke, Zitterpappel und verschiedenen Weidenarten begleitet.

In der mittleren Steinzeit wurde das Klima bedeutend wärmer und es trat die sogenannte Periode der Kiefer und Hasel ein. Die Haselnuß war fast ebenso häufig wie die Kiefer und erreichte viel höhere Lagen als heute, bis über 1000 m ü.M. In niedrigeren Lagen begann sich der Eichenmischwald mit

Verbreitung der Europäischen Lärche

Verbreitung der Gemeinen Kiefer

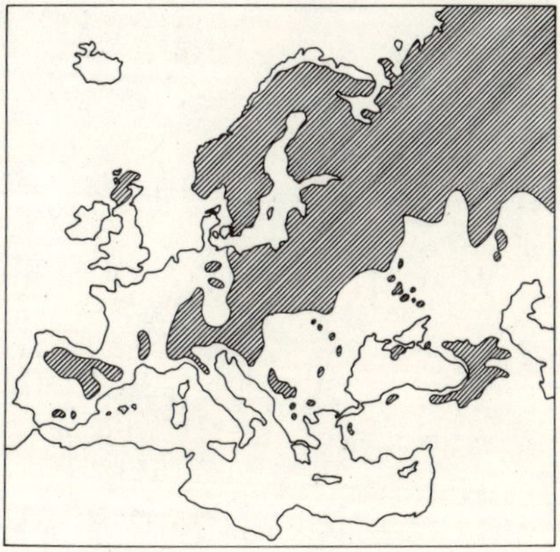

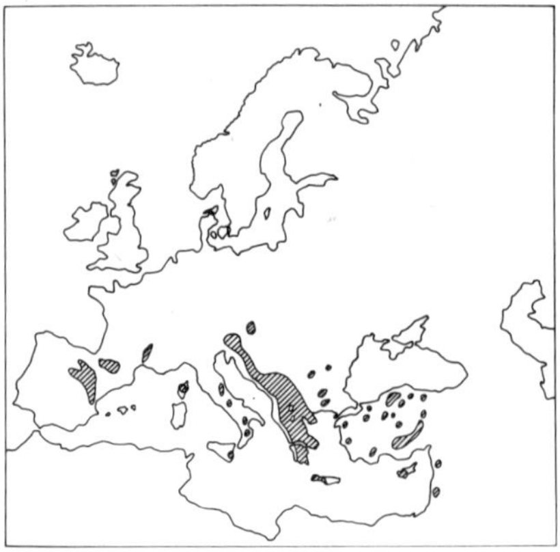

Verbreitung der Schwarzkiefer

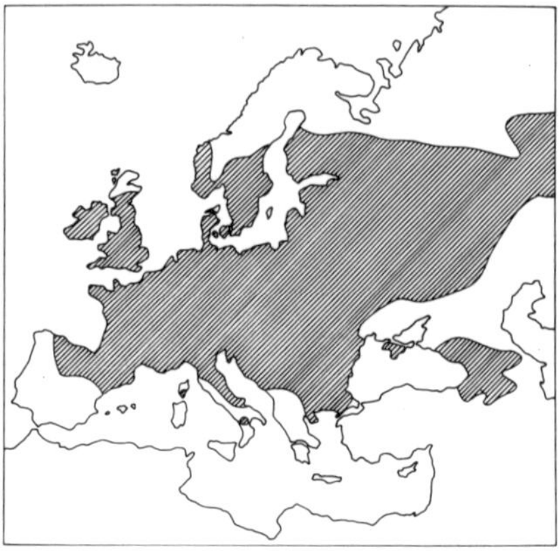

Verbreitung der Winterlinde

Eiche, Ulme, Linde und Hainbuche auszubreiten. In der jüngeren Steinzeit begann die Periode des Eichenmischwaldes und der Fichte. In Lagen bis 800 m ü.M. herrschten Eichenmischwälder mit Eiche, Ulme, Ahorn und Linde vor und die Kiefer behauptete sich auf mageren Böden. In höheren Lagen und an nassen Stellen herrschte in Mitteleuropa die Gemeine Fichte vor, die in Sumpfgebieten von der Schwarzerle begleitet wurde.

In der Bronze- und Eisenzeit begannen die Buche und Tanne in großen Mengen nach Mitteleuropa vorzudringen. Die Buche gelangte bis in den südlichen Teil der skandinavischen Halbinsel. Die Fichte behauptete ihre Stellung in den höchsten Gebirgslagen. Die mittleren Lagen und das Hügelland wurden von der Buche und Tanne besetzt und in niedrigeren Lagen herrschte der Eichenmischwald vor. Die mit Nadelhölzern bestandene Taiga, in der vor allem die Kiefer und Fichte auftraten, verschob sich weiter nach Norden,

Verbreitung der Silberlinde

Verbreitung des Spitzahorns

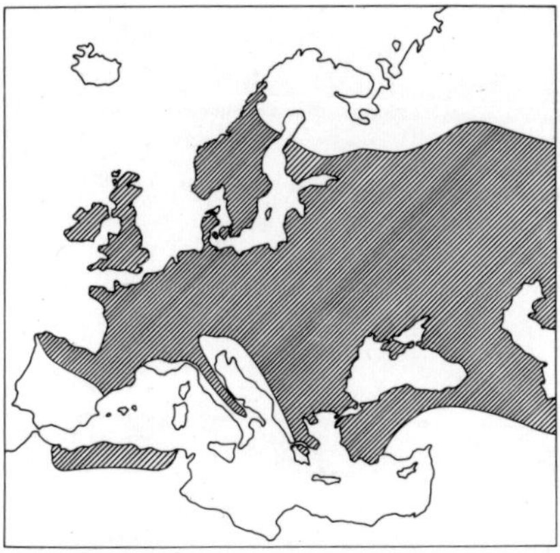

Verbreitung der Bergulme

Verbreitung der Zitterpappel

nach Skandinavien und Nordosteuropa. In Mitteleuropa blieb eine ausgedehnte Waldzone erhalten, in der Nadelhölzer (Gemeine Fichte und Tanne) vorherrschten und die sich vom Schwarzwald nach Osten bis ins Böhmische Becken erstreckte. So sah die Zusammensetzung der europäischen Wälder am Beginn der historischen Zeit aus.

Schon während des Altertums, aber vor allem im Mittelalter machte sich die Einwirkung des Menschen in der Artenzusammensetzung der Wälder immer stärker bemerkbar. Vom 10. bis zum 13. Jahrhundert an kam es in Mittel- und Westeuropa zu einer umfangreichen Kolonisation, d.h. zur Besiedlung von bisher bewaldeten Gebieten. Auf den gerodeten Waldflächen entstanden neue Siedlungen und der Mensch dehnte langsam die Ackerflächen aus und verdrängte die zusammenhängenden Wälder. Der Anteil der Bewaldung sank in dieser Zeit in allen Gebieten mit Ausnahme der Gebirgs-

Verbreitung der Weißbirke

Verbreitung der Hainbuche

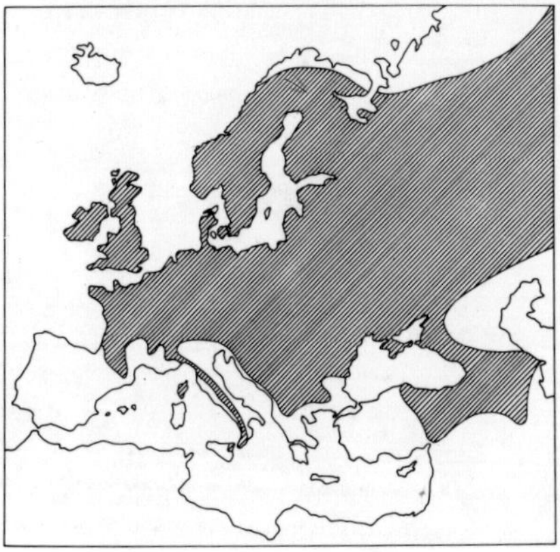

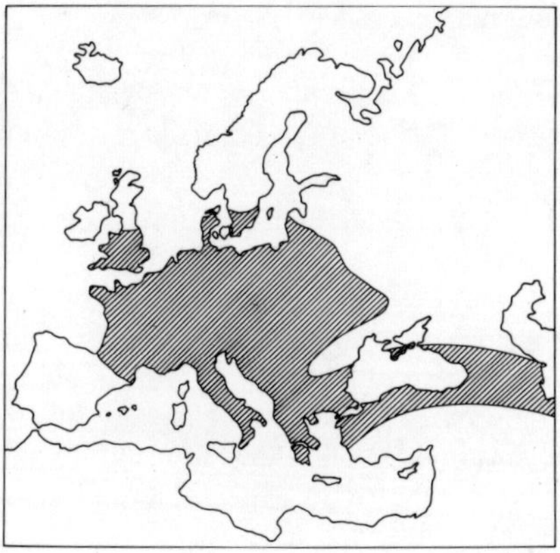

Verbreitung der Gemeinen Buche

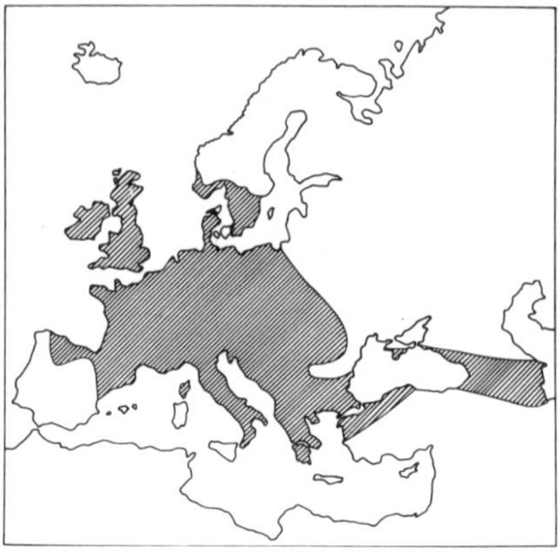

Verbreitung der Traubeneiche

lagen auf 30 bis 50 %. Die Einwohnerzahl stieg, es wurden Berg- und Hüttenwerke angelegt, es entstanden Ziegeleien, Kalkbrennereien, Glashütten und Bierbrauereien. Damit hing ein ständig steigender Verbrauch von Holz und Holzkohle zusammen, denn bis zum 18. und mancherorts sogar bis zum 19. Jahrhundert gab es keinen anderen Brennstoff. Holz war auch ein wichtiges Material für den Bau von Häusern und ihrer Inneneinrichtung. Die meisten Werkzeuge, das Geschirr und andere Bedarfsgegenstände wurden ebenfalls aus Holz gefertigt. Es ist deshalb nicht verwunderlich, daß im 18. Jahrhundert in Europa ein Mangel an Holz spürbar wurde und damit auch die erste Energiekrise. Es wurden die ersten Gesetze zum Schutze der Wälder und über das Wirtschaften mit Holz erlassen, es entstanden Forstschulen und die ersten Forstbewirtschaftungspläne, die eine ununterbrochene Holzgewinnung auch für die Zukunft gewährleisten sollten, wurden ausgearbeitet.

Zur raschen Erneuerung der geschlagenen Wälder säten die Forstleute auf den Kahlschlägen Samen von Waldgehölzen aus oder bepflanzten sie mit Hilfe von in Baumschulen gezogenen Setzlingen. Da Kohle in Gebrauch kam und man begann, sie zum Heizen zu verwenden, verlegte sich im 19. Jahrhundert das Gewicht auf die Produktion von Nutz- und Bauholz. Auf den aufgeforsteten Kahlschlägen wurden Kiefern und Fichten angepflanzt, die schnell höhere Holzerträge lieferten als die Laubgehölze.

Fremdländische Gehölze

Der Mensch hat seit jeher bei seiner wirtschaftlichen Tätigkeit in die Natur und das Naturgeschehen eingegriffen, um sie seinen Bedürfnissen anzupassen. Er begann, bestimmte Arten wildlebender Tiere zu zähmen und zu domestizieren sowie wildwachsende Pflanzen zu kultivieren. Zuerst handelte es sich nur um Arten, die ihm zur Ernährung dienten. Schon die Kulturvölker des Altertums im Mittelmeergebiet pflanzten Obstbäume, wie den Ölbaum, die Walnuß, die Mandel u.a., deren ursprüngliche Heimat wir nicht genau

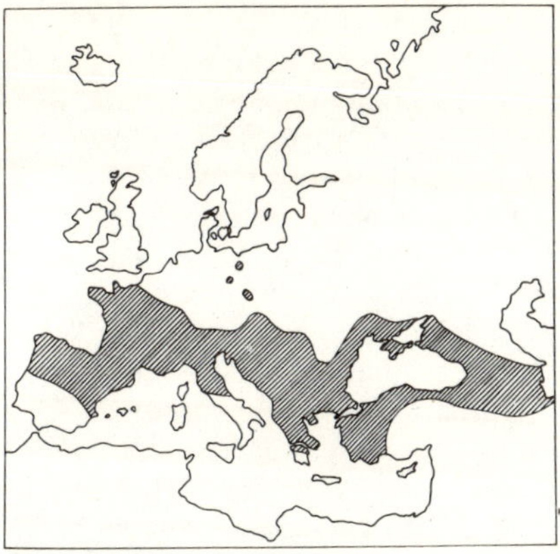

Verbreitung der Flaumeiche

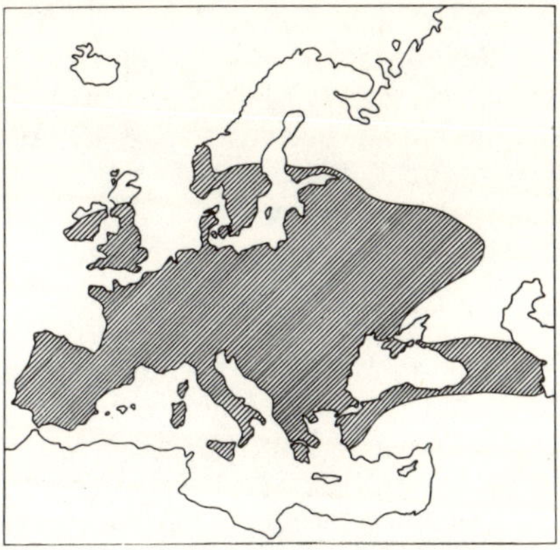

Verbreitung der Gemeinen Esche

kennen. Die Kultivierung der Walnuß und der Eßkastanie breitete sich noch in der Antike nach Norden aus. Im Mittelalter befaßten sich verschiedene Mönchsorden und Teilnehmer an den Kreuzzügen mit der Verbreitung von Obst und Zierbäumen. Gegen Ende des Mittelalters und zu Beginn der Neuzeit begann man Schloßgärten und Parks anzulegen und es wurde Mode, sie mit fremdländischen Pflanzen zu bereichern.

Die ersten eingeführten Arten stammten aus dem Mittelmeergebiet. Außer verschiedenen Obstbäumen begann man um das Jahr 1600 auch die ersten Ziergehölze aus dem Mittelmeergebiet und aus Kleinasien in die europäischen Parkanlagen einzuführen. Das betrifft z.B. die Roßkastanie (1576), den Syrischen Eibisch (1600), die Libanon-Zeder (1638), die Strandkiefer (1660) und viele andere Gehölze.

Mit der fortschreitenden Kolonisation des östlichen Teiles von Nordamerika erschienen auch bald Gehölze aus diesem Gebiet in den europäischen Gärten und Parks. Von den Nadelhölzern waren das z.B. die Gewöhnliche Thuja (1536), die Sumpfzypresse (1640), die Weymouthskiefer (1705), die Kanadische Hemlocktanne (1736) und von den Laubgehölzen die Robinie (1635), der Eschenblättrige Ahorn (1688), die Schwarznuß (1686), der Tulpenbaum (1663), der Silberahorn (1725), der Gewöhnliche Trompetenbaum (1726) und viele andere.

Viel später wurde der westliche Teil von Nordamerika entlang dem Stillen Ozean besiedelt und urbar gemacht. Von hier wurden zu Beginn und im Laufe des 19. Jahrhunderts viele interessante und wirtschaftlich wertvolle Gehölze nach Europa eingeführt, wie die Küstendouglasie (1827), die Silbertanne (1830), die Riesentanne (1831), die Sitkafichte (1831), der Mammutbaum (1853), Lawsons Scheinzypresse (1854), die Stechfichte (1862), die Coloradotanne (1872) u.a. Von den Laubgehölzen waren es z.B. *Acer macrophyllum* (1812), *Acer circinatum* (1826), Roterle (1839) und die Westliche Balsampappel (1892).

Sehr spät, erst im Laufe des 19. Jahrhunderts, gelangten auch Gehölze aus

Asien und dem Fernen Osten nach Europa, z.B. die Tränenkiefer (1823), die Nordmannstanne (1848), die Sicheltanne (1861), die Japanische Lärche (1861), die Sawara-Scheinzypresse (1861) und von den Laubbäumen die Paulownie (1834), der Amur-Korkbaum (1856), *Juglans manshurica* (1859), der Katsurabaum (1865) und *Betula maximowicziana* (1888).

Heute kann man sich die europäischen Parks ohne amerikanische oder asiatische Gehölze nicht mehr vorstellen. Die Blüten der Robinie, Paulownie, des Trompetenbaumes, der Kastanie, des Flieders, der Japanischen Quitte, der Magnolien und Rhododendren verleihen ihnen einen besonderen Reiz. Viele der eingeführten Gehölze sind auch von großer wirtschaftlicher Bedeutung und werden in den europäischen Wäldern auf viele tausend Hektar großen Flächen kultiviert. So erreicht z.B. die nordamerikanische Riesentanne in Großbritannien, Belgien und Frankreich einen jährlichen Zuwachs an Derbholz von 20 bis 28 Festmetern auf 1 ha. Einen ähnlichen Zuwachs weist auch die Küstendouglasie auf, die bei uns sowie in Frankreich und der DDR den Ertrag der produktivsten einheimischen Gehölze um 40 bis 60 % übersteigt.

Holz und Holzprodukte

Holz ist ein sehr wertvoller Rohstoff, der vielseitige Verwendung findet. Bevor man begann, Kohle und Heizöl zu nutzen, stellte Holz fast die einzige Quelle der Wärmeenergie dar. Bis zum heutigen Tag gibt es Länder, in denen Holz 50 bis 70 % des Energiebedarfs deckt. Im Vergleich zu anderen Rohstoffen (Kohle, Erdöl, Gas) hat Holz einen großen Vorteil. Bei guter und planmäßiger Bewirtschaftung erneuert es sich nämlich durch Zuwachs und der Holzbestand wird nicht erschöpft. Allerdings betrachtet man das Verbrennen von Holz heute als unwirtschaftlich und die hochentwickelten Industriestaaten bemühen sich, Brennholz auf nur 10 bis 20 % der Holzproduktion zu beschränken. Ein hoher prozentualer Anteil des Holzes wird heute chemisch verarbeitet und dies stellt auch seine wichtigste Anwendungsweise für die Zukunft dar.

Das Holz verschiedener Bäume besitzt unterschiedliche Eigenschaften, in Bezug auf seine Qualität, Härte, Färbung und sein Gewicht, die Dauerhaftigkeit, Spaltbarkeit oder Bearbeitungsmöglichkeiten. Es wird deshalb zur Herstellung verschiedener Erzeugnisse und zu unterschiedlichen Zwecken verwendet. Das Hartholz mancher Laubgehölze (Eiche, Ulme, Walnuß, Esche, Mahagoni u.a.) wird für die Möbelherstellung verwendet. Leichte und billigere Möbel werden auch aus dem Holz von Nadelbäumen gefertigt (z.B. Lärche, Douglasie oder Kiefer). Zur Herstellung von Möbeln werden die sogenannten Furnierplatten verwendet, d.h. auf billiges Holz wird ein dünnes Furnier aus hartem teuerem Holz geklebt. Dadurch wird der Möbelpreis herabgesetzt und auch das Gewicht verringert. Eine weitere Verbilligung entstand durch die Verwendung von gepreßten Platten aus Sägemehlabfällen.

Die Nadelgehölze (Fichte, Tanne, Kiefer, Lärche) liefern vor allem Bauholz, denn sie haben lange Stämme und ihr Holz ist leicht. Sie werden zur Herstellung von Balken, Fußbodenbrettern, Türen, Fensterrahmen, Holztreppen usw. verwendet. Auch beim Bau von Schiffen, Eisenbahnwagen und anderen Transportmitteln finden sie Verwendung. Man fertigt aus ihnen Masten, Säulen, Schindeln, Kisten, Zündhölzer und viele andere Gegenstände. Die modernen Verarbeitungsmethoden ermöglichen heute die Verwendung von Laub- und Nadelgehölzen zur Erzeugung von Sperr- und Druckholz, Holzspanplatten usw.

Bei der chemischen Verarbeitung wird Holz ohne Luftzutritt verbrannt oder durch Einwirkung verschiedener Chemikalien aufgelöst. Früher wurde die Trockendestillation einfach durch Brennen des Holzes in Meilern erreicht, wobei aber nur Holzkohle gewonnen wurde, während die anderen flüssigen und gasförmigen Produkte verlorengingen. Heute führt man diese Destillation in eisernen Retorten durch, so daß auch andere wichtige Produkte – Holzgeist, Holzessig, Azeton und verchiedene Öle aufgefangen werden können. Für die Trockendestillation kommt vor allem das harte Holz der Laubbäume, wie Buche, Eiche, Birke, Hainbuche und Ahorn zur Verwendung.

Ein sehr wichtiges Produkt, das gleichfalls durch chemische Verarbeitung aus Holz gewonnen wird, ist der Zellstoff oder Zellulose, die zur Erzeugung von Papier, Kunstseide, Sprengstoffen, Lacken usw. dient. Zur Zelluloseerzeugung werden vor allem Nadelhölzer wie Fichte, Tanne und Kiefer verwendet, heute aber auch schon Pappel, Birke und Buche. Der Anteil des chemisch verarbeiteten Holzes wächst ständig und allein die Papierfabriken verschlingen in hochentwickelten Staaten monatlich ganze Wälder.

Die Bäume liefern uns noch eine Reihe weiterer Produkte, Kork, Gerbstoffe, Harze, Terpentin, Heilstoffe, manche Gehölze auch eßbare Früchte und Säfte. Kork wird durch das Schälen der Borke von lebenden Exemplaren der Korkeiche und des Amur-Korkbaumes gewonnen.

Harze werden vor allem aus verschiedenen Kiefern- und Lärchenarten gewonnen, in den Tropen aus Vertretern der Gattungen *Agathis, Shorea* und *Canarium.* Von den europäischen Gehölzen gehören die Strandkiefer, die Schwarzkiefer und die Gemeine Kiefer zu den wichtigsten Harzlieferanten. In die Rinde stehender, über 60 Jahre alter Bäume werden V-förmige Einschnitte gemacht oder die oberen Holzschichten werden angebohrt. Das ausfließende Harz wird in am Stamm befestigten Gefäßen aufgefangen. Auf ähnliche Weise gewinnt man aus den tropischen Gattungen Parakautschukbaum und Hulebaum Kautschuk und Latex, die wichtige Rohstoffe für die Gummi- und Textilindustrie sind.

Für die Lederindustrie stellen die Gerbstoffe einen wichtigen Rohstoff dar. Manche Gehölze enthalten Gerbstoffe in der Rinde (Fichte, Eiche, Weiden), andere sowohl in der Rinde als auch im Holz (Kastanie, Akazie) und wieder andere in den Blättern (Essigbaum, Immergrüner Sumach, Perückenstrauch).

Manche Ahornarten enthalten in ihrem Saft größere Zuckermengen. Die Indianer in Nordamerika bohrten den Zuckerahorn wegen seines süßen Saftes an und bereiteten aus ihm Sirup durch Eindicken. Auf diese Weise wird Sirup in Kanada und den USA noch heute hergestellt. Es ist interessant, daß man in Europa während der englischen Blockade des Festlandes zur Zeit der napoleonischen Kriege Zucker neben der Zuckerrübe versuchsweise auch aus dem Saft der europäischen Ahornarten, des Spitzahorns und des Bergahorns zu erzeugen begann. Die Zuckerrübe erwies sich aber bald als vorteilhafter.

Die Blätter, Früchte und Samen vieler Bäume dienen zur Herstellung anregender und erfrischender Getränke, wie Kaffee, Kakao, Tee und Coca-Cola. Die Früchte anderer Gehölze bilden einen wichtigen Bestandteil der Nahrung, z.B. fleischige Früchte wie die Apfelsinen, Zitronen, Feigen, Äpfel, Birnen, Kirschen, Pflaumen u.a. oder ölhaltige Früchte wie die Walnuß, Haselnuß, die Pistazien, Mandeln, Oliven und Kastanien. In manchen tropischen und subtropischen Ländern bilden Datteln, Bananen und Kokosnüsse bis zum heutigen Tag die Hauptnahrung der Bevölkerung.

Manche Bäume enthalten auch verschiedene Wirkstoffe, die zu Bestandteilen von Arzneimitteln geworden sind. Der Volksheilkunde ist die heilende Wirkung vieler Pflanzen und darunter auch mancher Gehölze lange bekannt und die moderne Medizin kommt auf diese Erfahrungen immer häufiger zurück. In den Apotheken kann man getrocknete Weißdornblätter und -blüten, getrocknete Lindenblüten, Kreuzdornblüten und -früchte, Faulbaumrinde und -früchte, Holunderblüten und -früchte und viele andere kaufen.

Baum und Umwelt

Wir alle sollten uns bewußt sein, daß die Bäume nicht nur Lieferanten von Holz und seinen Nebenprodukten sind, sondern daß ihnen auch eine wichtige Rolle für die Verbesserung unserer Umwelt zukommt. Im letzten Jahrhundert ist es auf der Erde zu einem enormen Bevölkerungswachstum gekommen, und die Entwicklung der Technik hat das Leben der Menschen radikal verändert. In den hochentwickelten Staaten sind riesige Industrie- und Siedlungszentren entstanden, die das Leben des Menschen stark beeinflußt haben. Einerseits bietet das Leben in den Großstädten den Menschen viele Vorteile in Bezug auf Arbeitsmöglichkeiten, bequemes Wohnen, Unterhaltung und viele kulturelle Angebote, anderseits ist die Luft in den Städten durch große Staubmengen und Abgase verunreinigt. In den Fabriken und Straßen wird der Lärm immer unerträglicher. Dank moderner Arbeitsprozesse sinkt der Anteil der körperlichen Arbeit, doch die Technisierung und Automatisierung beschleunigen das Lebenstempo und stellen immer größere Anforderungen an das Nervensystem und die Psyche des Menschen. Die heutigen Stadtbewohner versuchen diese Situation durch ein „Zurück zur Natur“ auszugleichen. Die ständig fortschreitende Industrialisierung zwingt die Menschen zum Umdenken über die Verbesserung der Umweltbedingungen.

Bildteil

Weißtanne

Abies alba MILL.

Kieferngewächse

Pinaceae

Die Weißtanne ist der höchste europäische Baum. In urwaldartigen Beständen erreicht sie eine Höhe von mehr als 60 m. Sie wird 500 bis 600 Jahre alt und ihr Stamm erreicht einen Durchmesser von mehr als 2 m. Die dichte, kegelförmige Krone rundet sich im Alter oben ab und die Äste bilden ein sogenanntes „Storchennest". Sie ist in Mittel-, West- und Südeuropa von den Pyrenäen über Mittelfrankreich und den Thüringer Wald bis in die Gegend von Warschau und über den Karpatenbogen bis nach Bulgarien verbreitet. Ausgedehnte Wälder, in denen sie häufig auftritt, findet man in den Vogesen, im Frankenwald und im Schwarzwald. Sie wächst auch in Italien und auf der Balkanhalbinsel. In den Alpen und Karpaten reicht sie bis in eine Höhe von 1500 m, im Böhmerwald bis 1100 m ü.M. Nach Großbritannien wurde sie nach 1600 eingeführt.

Die Weißtanne bildet Mischwälder vor allem mit der Buche und der Fichte. Sie ist ein Herzwurzler, dessen Wurzeln tief in den Boden eindringen und leistet dem Wind guten Widerstand. In der Jugend verträgt sie starke Beschattung, im Alter verlangt sie Halbschatten. An den Boden stellt sie größere Anforderungen als die Fichte und bevorzugt reichere und ziemlich frische Böden. Sie ist gegen niedrige Temperaturen empfindlich, von starken Frösten wird sie beschädigt. Vor 100 Jahren war sie in den Waldbeständen viel häufiger. Infolge der Luftverschmutzung und Kahlschlagwirtschaft verschwindet sie aber immer mehr aus den Wäldern. Sie liefert leichtes und weiches Holz, das im Bauwesen, besonders für Wasserbauten verwendet wird. Sie ist ein wichtiger Waldbaum, als Parkgehölz findet sie nur beschränkte Verwendung, weil sie Waldklima erfordert.

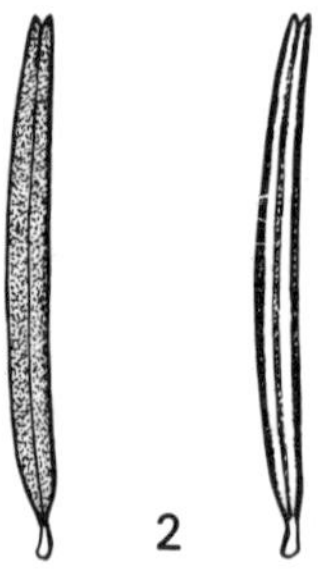

2

Die Weißtanne erreicht innerhalb von 100 Jahren eine Höhe von 30–40 m. Der Stamm ist von einer glatten silbergrauen Borke bedeckt. Die Knospen sind nicht harzhaltig. Die Nadeln (1) sind flach, 18–30 mm lang und 2–3 mm breit, am Ende mit Doppelspitze (2), auf der Unterseite mit zwei weißlichen Spaltöffnungsstreifen versehen. Auf den Zweigen sind sie kammartig in einer Ebene angeordnet. Die Weißtanne blüht im Mai. Die männlichen gelben Blüten (3) stehen auf der Unterseite der Zweige, die weiblichen Blüten (4) wachsen im oberen Teil der Krone.

1

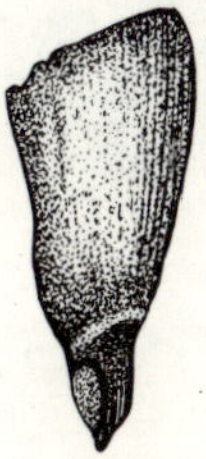

6

5

Sie reifen im Oktober zu zylindrischen, 12–20 cm langen, aufrecht stehenden Zapfen (5). Nach dem Reifen zerfallen sie am Baum. Der Samen (6) ist dreikantig, 8–13 mm lang mit einem 2 cm langen Flügel.

♀

4

♂ 3

Riesentanne
Abies grandis (D. DON) LINDL.

Coloradotanne
Abies concolor (GORD. et GLEND.) LINDL. ex HILDEBR.

Beide stammen aus Nordamerika und werden zu einem guten Ersatz für die kränkelnde und zurückgehende Weißtanne. Nach Europa wurde die Riesentanne im Jahre 1831 eingeführt. Sie wächst in den Bergen der Staaten Oregon und Washington und im Norden bis nach Kanada. Sie erreicht eine Höhe von über 60 m und einen Durchmesser von mehr als 2 m, wird aber nur 200 Jahre alt. Sie ist ein raschwüchsiges Gehölz. Mit 20 Jahren ist sie 8 m hoch, mit 100 Jahren 45 m. In Bezug auf das Licht ist sie anspruchsvoller als die Gemeine Fichte, verträgt aber eine trockenere Luft als die europäische Tanne. Wenn sie auf frischem Boden wächst, genügt ihr eine jährliche Niederschlagsmenge von 600 mm. Sie ist zur Einführung in Waldbestände geeignet, verträgt aber auch das Kultivieren als Einzelgehölz in Parks. Sie liefert aromatisches, zierendes Reisig und ist als Weihnachtsbaum beliebt.

Nahe verwandt mit der Riesentanne ist die Coloradotanne *(A. concolor)*, die 1872 nach Europa eingeführt wurde. In der Natur kommt sie in den Rocky Mountains in Nordamerika in einer Höhe von 2000 bis 3000 m ü.M. vor, von Arizona über Colorado bis nach Utah. Sie wird 30 bis 40 m hoch und bildet eine dichte, kegelförmige Krone. Am schönsten wirkt sie im Alter von 20 bis 40 Jahren, später lichtet sich ihre Krone und erleidet auch manchmal Frostschäden. Am besten sagt ihr ein mittellichter Standort zu, sie wächst aber auch gut auf freiem Gelände. An Luftfeuchtigkeit und Bodenfruchtbarkeit stellt sie keine großen Ansprüche. Sie ist ein sehr wirkungsvolles Parkgehölz. In trockenen Gebieten kann ihr auch wirtschaftliche Bedeutung zukommen, wenn sie forstlich kultiviert wird.

A. grandis

A. concolor

Die Riesentanne ist ein stattlicher Baum mit kegelförmiger Krone und graubrauner Borke. Sie hat harzige Knospen mit einem violetten Anhauch. Die flachen Nadeln sind 20—40 mm lang, wohlriechend und deutlich in einer Ebene angeordnet (1). Sie sind glänzend grün, an der Spitze ausgerandet, mit zwei weißlichen Streifen auf der Unterseite (2). Die Zapfen sind nur 7—10 cm lang, 3—4 cm breit, ohne hervortretende Deckschuppen (3). Der Samen ist braun, 7—8 mm lang, mit einem braunen Flügel.

3

Die Coloradotanne hat gelbliche, sehr harzige Knospen. Die Nadeln sind 4 bis 7 cm lang, beiderseitig graugrün gefärbt (4), am Ende stumpf zugespitzt (5), aber nicht zweizeilig angeordnet. Der Zapfen ähnelt dem der Riesentanne.

Küstendouglasie Kieferngewächse
Pseudotsuga menziesii (MIRB.) FRANCO *Pinaceae*

Gebirgsdouglasie, Blaue Douglasie
Pseudotsuga menziesii var. *glauca*

Die Küstendouglasie ist wegen ihrer wirtschaftlichen Bedeutung häufig in die europäischen Wälder eingeführt worden. Auf dem nordamerikanischen Kontinent wächst sie im pazifischen Küstengebiet von Kalifornien (38° n.B.) bis nach Britisch Kolumbien in Kanada (51° n.B.). In ihrer Heimat erreicht sie eine Höhe von 50 bis 80 m, einen Stammdurchmesser von über 2 m und ein Alter von 400 bis 500 Jahren. In der Jugend hat sie eine glatte, graugrüne Rinde, im Alter eine tief gefurchte Borke mit Korkschichten. Sie ist ein raschwüchsiges Gehölz, dessen Zuwachs im 20. bis 30. Lebensjahr seinen Höhepunkt erreicht. Sie stellt höhere Anforderungen an das Licht als die Gemeine Fichte. Ihre Winterhärte ist je nach der Herkunft des Saatgutes unterschiedlich; manche Bestände erleiden in Europa Frostschäden. Sie ist flachwurzelnd, so daß Bäume in einem dichten Stangenholzbestand (einem gleichaltrigen Bestand, dessen Bäume nicht mehr als 10 cm dick sind) leicht durch den Schnee entwurzelt werden. Am besten wächst sie auf feuchteren, leichten Böden, trockene und versumpfte Böden sagen ihr nicht zu. Nach Europa wurde sie 1827 eingeführt und wird heute in den Wäldern West- und Mitteleuropas sowie Großbritanniens viel kultiviert. Sie liefert hochwertiges, sehr dauerhaftes Kernholz. Sie wird auch als Ziergehölz in Parks gepflanzt.

In europäischen Parks wird häufig ihre Varietät, die Gebirgsdouglasie *(P. menziesii* var. *glauca)* kultiviert. Ihre Heimat sind die Rocky Mountains, in Gebieten, die kontinentales Klima aufweisen und 2000 bis 3000 m ü.M. liegen. Sie wächst langsamer als die Küstendouglasie und erreicht nur eine Höhe von 30 m. Sie ist absolut frostfest, bescheidener in ihren Ansprüchen an die Boden- und Luftfeuchtigkeit und ihre blaugrauen Nadeln wirken dekorativ.

P. menziesii

Die Küstendouglasie erreicht in Europa eine Höhe von 40—45 m und bildet eine breite, kegelförmige Krone. Sie hat rotbraune, scharf zugespitzte Knospen und flache, 15—35 mm lange Nadeln, die nach allen Seiten gerichtet sind. Die Nadeln sind oberseits dunkelgrün, unterseits haben sie zwei weißliche Spaltöffnungsstreifen (1). Die weiblichen Blüten sind rötlich (2), die männlichen gelb. Sie blüht

4

im Mai. Die Zapfen sind länglich eiförmig, 5—10 cm lang und 2—3 cm breit. Ein typisches Merkmal sind die dreizipfeligen Deckschuppen, die zur Spitze des Zapfens gerichtet sind (3).

Bei der Gebirgsdouglasie sind die Deckschuppen zurückgebogen und stehen vom Zapfen ab (4), die Nadeln sind blaugrün.

Kanadische Hemlocktanne
Tsuga canadensis (L.) CARR.

Kieferngewächse
Pinaceae

Westliche Hemlocktanne
Tsuga heterophylla (RAF.) SARG

Die kanadische Hemlocktanne stammt aus dem östlichen Teil Nordamerikas, wo sie sich von Alabama und Georgia über das Gebiet der Großen Seen im Norden bis nach Kanada ausbreitet und 50° n.B. erreicht. Auf diesem ausgedehnten Areal ist sie besonders im Norden in niedrigen und nassen Lagen häufig. Im Süden wächst sie in Gebirgstälern und steigt in eine Höhe von mehr als 1000 m ü.M. Sie ist ein Bestandteil des Mischwaldes, in dem sie die untere beschattete Schicht bildet. Nach Großbritannien wurde sie bereits 1736 eingeführt. Sie ist ein langsamwüchsiges Gehölz, das mit 100 Jahren eine Höhe von 25 m erreicht. In West- und Mitteleuropa wird sie oft in Parkanlagen kultiviert. Sie findet beim Anlegen „grüner Wände" oder als untere Schicht unter Lichtgehölzen Verwendung. Sie eignet sich auch für hohe, beschnittene Heckenzäune. Sie ist vollkommen frostfest und ziemlich anspruchsvoll in Bezug auf Bodenfeuchtigkeit und -fruchtbarkeit. An trockenen, warmen Standorten gedeiht sie schlecht.

Die nahe verwandte Westliche Hemlocktanne *(T. heterophylla)* wächst im Küstenstreifen von Kalifornien bis in den Norden nach Alaska. Sie erreicht eine Höhe von 50 m, verträgt Beschattung und erfordert einen nassen Standort. Sie wurde 1851 nach Europa eingeführt. Im maritimen Klima Westeuropas ist sie ein wichtiges Waldgehölz, denn sie liefert hohe Holzerträge. In Mitteleuropa erleidet sie in strengen Wintern Frostschäden. Sie wird hier als Parkgehölz angepflanzt.

Die Kanadische Hemlocktanne ist ein Gehölz der zweiten Größenordnung. Sie besitzt eine breite Krone mit dünnen, herabhängenden Astenden. Die Nadeln (1) sind 7—16 mm lang und verschmälern sich zur Spitze (2) hin. Am Zweig sind sie zweizeilig angeordnet. Unterseits weisen sie zwei weißliche Streifen auf, am Rand sind sie fein gezähnt. Die männlichen und weiblichen Blüten (3) erscheinen in Europa Anfang Mai. Die Zapfen sind nur 15—22 mm lang mit rundlichen Schuppen (4). Der Samen ist 2 mm lang mit einem gelben Flügel.

T. canadensis

6

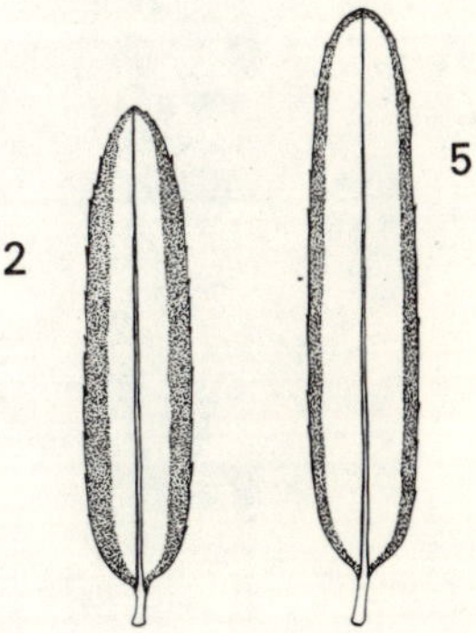

Die Nadeln der Westlichen Hemlocktanne sind 7—18 mm lang, zur Spitze hin nicht verschmälert (5). Unterseits befinden sich breite weißliche, fast verschmelzende Streifen, am Rande sind sie fein gezähnt. Die Zapfen haben Fruchtschuppen, die deutlich länger als breit sind. Ihre Länge beträgt 20—25 mm (6).

Die Gemeine Fichte ist in Nordeuropa und in den Berg- und Hügelländern Mitteleuropas weit verbreitet. Im Norden gedeiht sie noch jenseits des Polarkreises. Sie ist in Norwegen, Schweden, Finnland und in den nördlichen Teilen der UdSSR häufig. In Mitteleuropa wächst sie hauptsächlich in höheren Gebirgen, in den Alpen, dem Schwarzwald, in den Mittelgebirgen, den Karpaten, Dinarischen Alpen, Rhodopen und im Rila-Gebirge. Im milden maritimen Klima Westeuropas trat sie ursprünglich nicht auf. Heute wird sie aber als wichiges Waldgehölz auch in niedrigeren Lagen Mittel- und Westeuropas, einschließlich Großbritanniens kultiviert.

Sie ist ein stattlicher Baum, der eine Höhe von 30 bis 40 m erreicht. In urwaldartigen Beständen findet man Exemplare, die 60 m hoch sind. Sie erreicht ein Alter von 300 bis 500 Jahren. Ihr Wurzelsystem ist flach und tellerförmig, daher leidet sie stark unter Windwurf. Sie ist absolut frostfest, aber anspruchsvoll in Hinsicht auf Boden- und Luftfeuchtigkeit und erfordert einen schattigen Standort.

In Mittel- und Nordeuropa wird sie als Waldgehölz sehr geschätzt, da sie hohe Holzerträge liefert. Ihr leichtes und elastisches Holz findet breite Verwendung im Bauwesen, wie auch in der chemischen Industrie. Bäume aus dichten Beständen liefern Resonanzholz, das sich zur Herstellung von Musikinstrumenten eignet. Junge Pflanzen sind beliebte Weihnachtsbäume. Auf dem Markt sind eine Reihe von schönen Sorten, z.B. 'Cupressina' mit einer zypressenförmigen kompakten Krone, 'Virgata' (Schlangenfichte) mit rutenförmigen unverzweigten Ästen und die nestförmig ausgebreitete Zwergform 'Nidiformis' (Nestfichte).

Die Gemeine Fichte bildet eine zugespitzte kegelförmige Krone, die bei Gehölzen im Einzelstand bis zur Erde reicht. Die rotbraune Rinde verwandelt sich im Alter in eine in Schuppen abschilfernde Borke. Die vierkantigen Nadeln sind beiderseits grün, 10–25 mm lang, kurz zugespitzt (1). Die Fichte blüht im Mai und bildet Unmengen von gelbem Pollen. Die männlichen Blüten sind gelb, die weiblichen rot oder grün (2) und stehen aufrecht an den Trieben im oberen Teil der Krone. Die reifen Zapfen hängen

herab, sind zylinderförmig, braun, 8 bis 16 cm lang (3) und unter jeder Schuppe sitzen zwei kleine, eiförmige, braune Samen mit einem häutigen Flügel.

Serbische Fichte

Picea omorika (PANČIĆ) PURK.

Kieferngewächse

Pinaceae

Die serbische Fichte ist ein europäisches Gehölz. Ihre Heimat sind Westserbien und Bosnien, wo sie als Relikt vorkommt. Im Jahre 1865 erhielt Prof. J. Pančič einen kleinen Zweig einer unbekannten Fichte, aber erst 10 Jahre später (1875) fand er die lebenden Bäume in der Natur. Die Serbische Fichte wächst auf steilen Kalksteinhängen im Flußgebiet der Drina in einer Höhe von 700 bis 1500 m ü.M. zusammen mit der Schwarzkiefer, Buche, Weißtanne und der Gemeinen Fichte. Nach 1884 wurde sie in andere europäische Gebiete eingeführt. Trotz ihrer südlichen Herkunft gedeiht sie auch in Nordeuropa von Schottland und Schweden bis in die Gegend von Leningrad. Sie ist vollkommen frostfest, begnügt sich mit einer jährlichen Niederschlagsmenge von weniger als 600 mm und gedeiht sowohl auf silikat- als auch auf kalkhaltigem Gestein.

Sie wird 30 bis 40 m hoch. Auch bei Anpflanzung im Einzelstand bildet sie eine sehr schmale, kegelförmige Krone mit anmutig aufwärts gebogenen Ästen. Dank der schmalen Krone ist sie gegen Schneelast widerstandsfähig und mit Hilfe ihres tiefer in den Boden eindringenden Wurzelsystems kann sie auch dem Wind standhalten. Im Vergleich mit der Gemeinen Fichte stellt sie bescheidenere Ansprüche an Luft- und Bodenfeuchtigkeit und verträgt auch die verschmutzte Stadtluft. Ihre rauhere Borke schützt sie vor Beschädigung durch Hirsche. Deshalb wird sie in Mitteleuropa stellenweise in Waldbeständen angepflanzt. Da sie eine der reizvollsten Fichtenarten ist, findet man sie oft in Parkanlagen.

Die Serbische Fichte ist ein hoher Baum mit einer schmalen Krone, die tief zum Boden reicht. Sie hat eine schuppige Borke und behaarte Zweige. Die Nadeln (1) sind 10—20 mm lang, 2 mm breit, flach. Auf der Oberseite sind sie glänzend dunkelgrün, auf der Unterseite haben sie zwei weißliche Spaltöffnungsstreifen (2). Schon im 10. Jahr entwickeln sich Blüten und Samen. Die männlichen und weiblichen Blüten erscheinen im Mai. Die Zapfen sind länglich eiförmig, 4—6 cm lang. Die offenen Zapfen sind 2—2,5 cm breit, vor der Reife sind sie rotviolett gefärbt (3). Die Fruchtschuppen sind gerundet. Der Samen ist schwarzbraun, 2—3 mm lang mit einem häutigen Flügel.

2

1

3

Stechfichte

Picea pungens ENGELM.

Kieferngewächse

Pinaceae

Sitkafichte

Picea sitchensis (BONG.) CARR.

Die Stechfichte kommt aus Nordamerika, in den Rocky Mountains von Montana bis Arizona ist ihre Heimat. Sie wächst in Höhen von 1500 bis 3000 m ü.M., besonders in Flußtälern, Cañons und entlang der Bäche. 1850 wurde sie nach Europa eingeführt. Heute ist sie über ganz Europa bis nach Skandinavien verbreitet. In Nordamerika wachsen Formen mit grünen, bläulichen bis silberfarbenen Nadeln. In Europa werden hauptsächlich die silberfarbenen Formen kultiviert und die Stechfichte wird oft „Silberfichte“ genannt. Sie ist vollkommen frostfest. Für ein gedeihliches Wachstum verlangt sie feuchtere Böden, auf trockenen sind die Nadeln spärlich und verkümmern. Sie verlangt mittellichte Standorte und wächst langsamer als die Gemeine Fichte. In Parks wird sie im Einzelstand oder in kleinen Gruppen gepflanzt. Da sie gegen Luftverschmutzung widerstandsfähig ist, wird sie in Industriegebieten versuchsweise auch in Wäldern kultiviert. Sie liefert knorriges Holz von minderer Qualität.

Die Sitkafichte *(P. sitchensis)* stammt gleichfalls aus Amerika. Sie wächst im Küstengebiet von Kalifornien bis nach Alaska (bis zu 62° n.B.). Von der Küste reicht sie höchstens 100 km landeinwärts und gedeiht bis in eine Höhe von 1600 m ü.M. In ihrer Heimat wird sie 60 m hoch und über 3 m dick. 1831 wurde sie nach Europa eingeführt. Sie wird in Parks gepflanzt, in Küstenländern, besonders Großbritannien, wird sie auch auf ausgedehnten Flächen forstlich kultiviert. Sie stellt höhere Ansprüche an die Luft- und Bodenfeuchtigkeit und ist lichtbedürftiger als die Gemeine Fichte. In Mitteleuropa erleidet sie in strengen Wintern Frostschäden.

P. pungens

Die Stechfichte erreicht eine Höhe von 30–35 m und bildet eine kegelförmige, harte, starre Krone. Die Borke ist schwarzbraun und schuppig, die Triebe sind stark und unbehaart. Die harten, vierkantigen Nadeln sind 18–30 mm lang, stachelig zugespitzt, mattgrün bis silbergrau. Sie stehen vom Zweig nach allen Seiten ab (1). Die zylinderförmigen Zapfen sind 6–10 cm lang, gelbbraun, schwach holzig. Die Fruchtschuppen sind wellenförmig gebogen (2).

3

4

1

2

Die Sitkafichte wird in Europa 40 m hoch und hat eine rotbraune schuppige Borke. Die Nadeln sind 20–25 mm lang und nur 2 mm breit. Sie sind scharf stachelig, unterseits mit zwei weißlichen Streifen (3). Die hellbraunen Zapfen sind 5–7 cm lang (4).

Europäische Lärche
Larix decidua MILL.

Kieferngewächse
Pinaceae

Japanische Lärche
Larix kaempferi (LAMB.) CARR.

Die Europäische Lärche ist ein der wenigen Nadelgehölze, die vor dem Winter die Nadeln abwirft. Sie ist ein stattlicher Baum mit einem starken, geraden Stamm und einer hoch angesetzten Krone. Die Lärche hat ihre natürlichen Standorte in den Alpen in Höhen von 600 bis 2500 m ü.M., in der Tschechoslowakei auf dem Gebiet des früheren Schlesiens von 400 bis 700 m, in den Karpaten von 800—1500 m und in Polen von 250 bis 500 m. Besonders die Ökotypen aus Schlesien und Polen haben sich bei der Introduktion in niedrige Lagen anderer Länder gut bewährt. Nach Großbritannien wurde die Europäische Lärche 1629 eingeführt. Sie ist ein raschwüchsiges Gehölz, das einen sonnigen Standort verlangt. Mit 20 Jahren erreicht sie eine Höhe von 12 bis 14 m. Sie ist tief im Boden verankert, so daß sie dem Wind gut Widerstand leisten kann. Sie hat keine besonderen Bodenansprüche, aber feuchter Boden sagt ihr besser zu. Sie ist absolut frostfest und ziemlich widerstandsfähig gegen Luftverschmutzung. Die Lärche ist ein wertvoller Waldbaum, der Kernholz von hoher Qualität liefert. Sie wird gern in Parks gepflanzt.

Die Japanische Lärche *(L. kaempferi)* stammt aus Japan von der Insel Honshu, wo sie in einer Höhe von 1300 bis 2900 m ü.M. wächst. 1861 wurde sie nach Europa gebracht und wird häufiger in Gebieten mit maritimem Klima kultiviert. In der Jugend wächst sie noch rascher als die Europäische Lärche, aber im Alter verhält sie sich umgekehrt. Sie wird oft in Parks gepflanzt. Sie ist weniger lichtbedürftig, stellt höhere Anforderungen an die Luftfeuchtigkeit und ist widerstandsfähig gegen Krebs. Mit der Europäischen Lärche bildet sie den stattlichen Bastard *L.* × *eurolepis* HENRY.

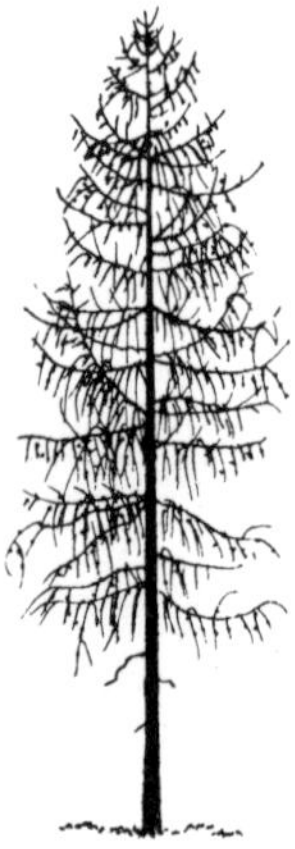

L. decidua

Die Europäische Lärche wird 30—40 cm hoch. Sie hat gelbbraune Triebe und eine dicke, rissige Borke. Die abfallenden, frischgrünen Nadeln sind 15—30 mm lang, wachsen in Büscheln zu je 25—40 (1). Die roten oder grünen weiblichen Blüten entwickeln sich im April (2). Die braunen Zapfen (3) sind 15—40 mm lang und reifen im Herbst. Der Samen ist hellbraun, 3—4 mm lang.

Die Japanische Lärche unterscheidet sich von der Europäischen durch ihre starken, waagerecht abstehenden Äste, eine dünne Borke und bronzefarbene Triebe. Die Zapfen sind rundlich, 20–35 mm lang und der obere Rand ihrer Fruchtschuppen ist zurückgeschlagen wie bei einer Rosenblüte (4).

Libanon-Zeder

Cedrus libani A. RICH.

Kieferngewächse
Pinaceae

Atlas-Zeder

Cedrus atlantica (ENDL.) MANETTI ex CARR.

Die Zedern sind aus dem Mittelmeergebiet wohlbekannt. Im Altertum bauten die Phönizier und Ägypter aus ihrem Holz ihre Schiffe und das Zedernholz diente König Salomon zum Bau des berühmten Tempels in Jerusalem. Die Libanon-Zeder wächst im Taurus und Antitaurus in einer Höhe von 1300 bis 2000 m ü.M. und im Libanon-Gebirge. Sie wurde 1683 nach Europa als Parkzierbaum eingeführt. Die Zeder erreicht eine Höhe von 30 bis 40 m, einen Stammdurchmesser von 2 bis 3 m und wird über 1500 Jahre alt. In der Jugend ist ihre Krone kegelförmig mit einem schief überhängenden Endtrieb, im Alter ist sie schirmförmig, etagenartig ausgebreitet. Im Unterschied zu anderen Nadelgehölzen blüht sie im September. Die Zapfen reifen erst nach zwei Jahren und zerfallen im folgenden Frühjahr am Baum. Die Zedern sind lichtliebende Bäume. Sie gedeihen gut auf warmen und verhältnismäßig trockenen Böden, vertragen Fröste bis −30 °C, wie auch Trockenheit im Sommer. Besonders schön ist die Sorte 'Pendula'.

Die Atlas-Zeder *(C. atlantica)* wächst in Algerien und Marokko im Atlas, vor allem in der Gebirgskette Al-Rif in einer Höhe von 1200 bis 2000 m ü.M. Sie wurde erst 1839 nach Europa eingeführt. Sie wird gern in den Parks West-, Mittel- und Südeuropas angepflanzt. In Südfrankreich dient sie zur Aufforstung des trockenen Mittelmeergebietes. Beliebt ist die silberfarbene Sorte 'Argentea'.

C. libani

Die Libanon-Zeder hat 2,5−3 cm lange und 1 mm breite Nadeln (1). Sie wachsen in Büscheln zu 30−40 auf den Kurztrieben (Brachyblasten). Sie blüht im September bis Oktober. Die gelben männlichen Blüten (2) stehen aufrecht und sind 5 cm lang. Die weiblichen Blüten sind eiförmig, ungefähr 1,5 cm lang. Die Zapfen (3) sind 8−10 cm lang und 4−6 cm breit. Die Spitze ist abgestumpft.

4

Die Atlas-Zeder ist ein 30 m hoher Baum. Sie behält ihre kegelförmige Krone bis ins Alter. Die Nadeln sind etwas kürzer, höchstens 2,5 cm lang. Auch die Zapfen (4) sind kleiner, 5–7 cm lang und 4 cm breit. Der Same ist 12–15 mm lang mit einem dreieckigen Flügel versehen und ähnelt dem Tannensamen.

Zirbelkiefer, Arve Kieferngewächse
Pinus cembra L. *Pinaceae*

Die Zirbelkiefer kommt in den Gebirgen Mitteleuropas, in den Alpen und Karpaten vor. Sie wächst hier an der oberen Waldgrenze zusammen mit der Fichte, Lärche und Latsche in Höhen von 1600 bis 2400 m ü.M. Sie ist ein langsamwüchsiges Gehölz, das mit 20 Jahren ungefähr 3 m hoch ist und mit 100 Jahren 15 bis 20 m. Sie wird 400 bis 600 Jahre alt. In der Jugend verträgt sie Halbschatten, im Alter verlangt sie mehr Licht. Sie besitzt ein tief in den Boden eindringendes Herzwurzelsystem und verträgt Frost, heftige Stürme und ein rauhes Hochgebirgsklima. Sie bevorzugt schwere, hinreichend feuchte Böden. Ihre süßen Samen sind eßbar und werden von Eichhörnchen und Kernbeißern gern gefressen. Aus den Samen, die die Tiere unterwegs verlieren, wachsen neue Bäume. Das feste leichte Holz wurde früher zur Möbelherstellung und für Schnitzereien verwendet. Die Zirbelkiefer ist eine Zierde der europäischen Hochgebirge und steht wegen ihres seltenen Vorkommens unter Naturschutz.

Ihre nahe Verwandte ist die Sibirische Arve *(P. sibirica* MAYR*)*. Viele Botaniker halten sie für eine geographische Varietät der Zirbelkiefer. Sie wächst im Osten des europäischen Teiles der UdSSR und dringt über den Ural weit nach Sibirien und in die Mongolei vor. Sie wird höher als die Zirbelkiefer und wächst auf feuchten Böden in der Ebene und im Gebirge. In Sibirien stellt sie ein wichtiges Waldgehölz dar.

Die Zirbelkiefer erreicht eine Höhe von 18—20 m und bildet eine dichte, kegelig eiförmige Krone, die tief zum Boden reicht. Die einjährigen Triebe sind rotbraun und filzig. Die Nadeln stehen in Büscheln zu fünft, sind 6—12 cm lang, 1 mm breit mit weißlichen Spaltöffnungsstreifen auf der Unterseite (1, 2). Sie blüht im Juni bis Juli. Die männlichen Blüten sind gelb, die weiblichen rotviolett. Die Zapfen stehen aufrecht, sind eiförmig, 5 bis 8 cm lang und 4—6 cm breit (3). Vor der Reife haben sie einen violetten Hauch, sonst sind sie braun. Sie reifen zwei Jahre und zerfallen im Herbst des zweiten Jahres. Der Samen ist ein 1 cm langes, kantiges ungeflügeltes Nüßchen (4).

1

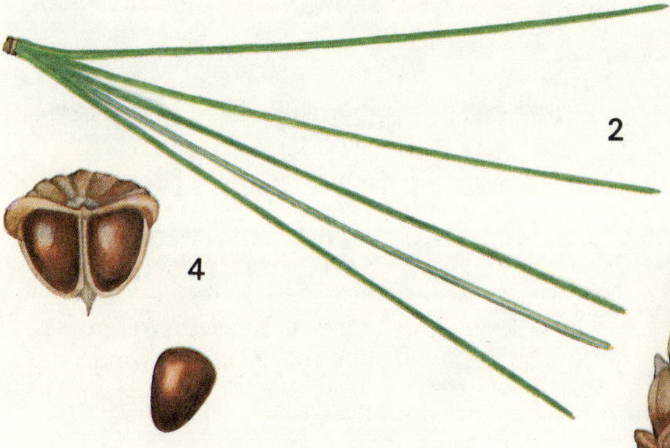

2

4

3

Die Sibirische Arve erreicht eine Höhe von mehr als 30 m. Sie hat dickere hellgrüne Nadeln und größere Zapfen, die bis 10 cm lang werden. Der Samen hat eine dünnere Schale und keimt gleich im Frühjahr. Beide Zirbelkieferarten sind reizvolle Parkbäume.

Weymouthskiefer, Strobe Kieferngewächse
Pinus strobus L. *Pinaceae*

Die Weymouthskiefer stammt aus dem östlichen Teil Nordamerikas, wo sie vom Staat Georgia in den USA nach Norden bis zur Insel Neufundland an der Ostküste von Kanada reicht. Sie bildet Misch- wie auch Reinbestände auf feuchten lehmigen oder lehmsandigen Böden. In ihrer Heimat erreicht sie eine Höhe von 40 m, einen Stammdurchmesser von 150 cm und gehört zu den raschwüchsigen Gehölzen, mit 20 Jahren ist sie 10 m hoch. Im Bestand tritt die Blühreife schon im 30. Lebensjahr ein. Die Samen fliegen im September des nächsten Jahres aus. Nach Europa wurde die Art 1705 eingeführt und heute wird sie in Waldbeständen und in Parkanlagen viel kultiviert. Sie hat feine seidige Nadeln, ist frostfest. In der Jugend verträgt sie Beschattung, im Alter verlangt sie einen sonnigeren Standort. Sie bevorzugt frische Böden und verträgt auch sauren Boden gut. Wegen des reichen Nadelabfalls wird sie auch als Meliorationsgehölz auf mageren, degradierten Böden verwendet. Ihre Widerstandsfähigkeit gegen Abgase ist mittelmäßig, gegen einen hohen Salzgehalt im Boden ist sie aber empfindlich. Durch Wind leidet sie nicht allzu sehr, eher wird sie durch das Wild beschädigt. Die größte Gefahr für sie bildet eine Krankheit, die vom Pilz *Cronartium ribicola* hervorgerufen wird und nach einigen Jahren zu ihrem Vertrocknen führt. Die Krankheit verbreitet sich von Gesträuchen der Gattung *Ribes*, welche die Zwischenwirte des Pilzes sind. Das Holz der reifen Bäume ist hochwertig und wird zur Herstellung von Türen, Fensterrahmen und anderen Tischlereierzeugnissen verwendet. Das Holz jüngerer Bäume ist von geringer Qualität.

Die Weymouthskiefer wird in Europa über 30 m hoch und bildet vollholzige Stämme mit waagerecht abstehenden, in Quirlen angeordneten Ästen. Die Rinde ist in der Jugend glatt, graugrün, im Alter verwandelt sie sich in eine rissige braune Borke. Die Triebe sind dünn. Die weichen Nadeln stehen in Büscheln zu fünft (1), sind 6–12 cm lang, an den Kanten fein gezähnt. Unterseits befinden sich silbrige Spaltöffnungsstreifen. Ende Mai beginnen sich die gelben männlichen (2) und rötlichen weiblichen Blüten zu entwickeln. Im ersten Jahr werden die Zapfen ungefähr 2 cm lang (3). Die reifen Zapfen hängen herab, sind zylinderförmig, 7–15 cm lang, harzig, mit hellen Schildchen am Ende der Fruchtschuppen (4). Der Samen ist 5–6 mm lang, braun marmoriert, mit einem langen Flügel.

3
4
1
2 ♂

Bergkiefer, Latsche — Kieferngewächse
Pinus mugo TURRA — *Pinaceae*

Die Bergkiefer weist zwei unterschiedliche Wuchsformen auf. Entweder erreicht sie eine Höhe von 10 bis 25 m und wird Spirke, Sumpf- oder Hakenkiefer (var. *uncinata*) genannt, oder sie bildet einen liegenden kriechenden, 2 bis 4 m hohen Strauch und heißt dann Latsche, Legföhre oder Krummholzkiefer (ssp. *mugo*). Sie wächst vor allem im Hochgebirge in West-, Mittel- und Südeuropa, oft als Relikt aus der Späteiszeit. Hier bildet sie einen einige hundert Meter breiten Gürtel über der Waldgrenze, wo andere Gehölze nicht mehr leben können. Im Vorgebirge gedeiht sie auf Torfmooren, wo eine Konkurrenz anderer hoher Bäume ausgeschlossen ist. Die Baumform tritt hauptsächlich in den Pyrenäen, Vogesen, Westalpen und stellenweise auch auf Torfmooren auf. Die Strauchform wächst über der Waldgrenze in den Ostalpen und Karpaten, auf dem Balkan und ebenfalls auf Torfmooren. Sie liefert weiches Holz, das sich zur Herstellung kleiner Ziergegenstände eignet. Aus dem Harz wird Terpentin erzeugt.

Die Bergkiefer ist ein lichtliebendes Gehölz, das geringe Ansprüche an die Bodenfruchtbarkeit und -tiefe stellt. Sie verlangt eine angemessene Feuchtigkeit und ist vollkommen frostfest. Im Hochgebirge stellt sie ein wichtiges Schutzholz gegen Lawinen und Bodenerosion dar. In niedrigeren Lagen findet sie in Parks als Ziergehölz Verwendung.

P. mugo var. *uncinata*

P. mugo ssp. *mugo*

Die Baumform der Bergkiefer wird in Mitteleuropa 15 m hoch, die kriechende Form 2—4 m. Beide Formen weisen eine grauschwarze geborstene Borke auf. Die Nadeln wachsen zu zweit und stehen dicht gedrängt an den Zweigen. Sie sind 3—8 cm lang, 1,5—2 mm breit, an den Kanten fein gezähnt (1). Die Blüten entwickeln sich im Juni. Die männlichen sind gelb und stehen gehäuft am Zweig, die weiblichen sind purpurrot und erscheinen an den Spitzen der sprießenden Triebe. Die eiförmigen Zapfen sind 3—6 cm lang, mit dunkelbraunen Schildchen versehen. Sie reifen — wie alle Kiefern — im Herbst des zweiten Jahres. Bei der Baumform sind die Zapfen exzentrisch — die eine Hälfte ist gewölbter und hat erhabene Schildchen (2). Die Strauchform bildet symmetrische Zapfen, die sich beim Reifen öffnen. Die Schildchen sind flach (3).

3
1
2

Gemeine Kiefer, Föhre
Pinus sylvestris L.

Kieferngewächse
Pinaceae

Die Gemeine Kiefer ist ein euroasisches Gehölz mit einem großen Verbreitungsgebiet. Von Schottland reicht sie im Norden bis über den Polarkreis hinaus und breitet sich über Sibirien bis zum Ochotskischen Meer aus. Im Süden reicht sie von Spanien über die Balkanhalbinsel bis nach Kleinasien und in den Kaukasus. Sie wird maximal 40 m hoch und erreicht einen Stammdurchmesser von 1 m. Die Krone ist eiförmig kugelig bis schirmförmig und hoch angesetzt. Der Baum wirkt sehr reizvoll durch seine orangebraune schuppige Rinde im oberen Teil des Stammes und die plattenförmig rissige schwärzliche Borke in seinem unteren Teil. Die Gemeine Kiefer gehört zu den raschwüchsigen Gehölzen, mit 20 Jahren erreicht sie eine Höhe von 8 bis 9 m. Blühreif wird sie ungefähr im 20. Lebensjahr und dann blüht sie fast jedes Jahr. Sie ist lichtliebend, aber bescheiden in Bezug auf das Klima, die Bodenfruchtbarkeit und -feuchtigkeit. Deshalb findet man sie besonders auf ärmeren und seichten Sandböden, die für anspruchsvollere Gehölze wenig geeignet sind. Sie liefert leichtes, hochwertiges Holz mit einem hellbraunen Kern, aus dem Telegrafenmasten, Fenster- und Türrahmen, Schwellen, Möbel usw. hergestellt werden. Manchenorts dient sie zur Harzgewinnung für die chemische Industrie. Sie ist ein wichtiges Waldgehölz und wird auch als Ziergehölz in Parkanlagen gepflanzt. Für kleinere Gärten und Parks ist die Zwergform 'Watereri' besser geeignet, die nach 20 Jahren ungefähr 2 m hoch wird.

Die Gemeine Kiefer ist ein ungefähr 30 m hoher Baum, meistens mit einer weit ausladenden Krone. Die Nadeln stehen zu zweit, sind graugrün, meistens gebogen, 4–7 cm lang und 1,5–2 mm breit, an den Kanten fein gezähnt (1). Gegen Ende Mai erscheinen die Blüten, die männlichen sind gelb (2), die rotgefärbten weiblichen (3) sitzen auf der Spitze der sprießenden Triebe. Im Herbst des zweiten Jahres reifen sie zu eiförmigen, 3–6 cm langen Zapfen mit mattgrauen Schildchen auf den Fruchtschuppen (4). Im Frühjahr des nächsten Jahres fliegt an sonnigen Tagen der geflügelte Samen (5) heraus. Die Samen weisen verschiedene Färbung auf, von weiß bis schwarz, sind 3–4 mm lang und besitzen einen 15 mm langen durchsichtigen Flügel.

2 ♂
1
3 ♀
5
4

Schwarzkiefer
Pinus nigra ARN.

Kieferngewächse
Pinaceae

Die natürliche Verbreitung der Schwarzkiefer reicht von Spanien bis in die Türkei und nach Kleinasien. Die einzelnen Gebiete ihres Vorkommens sind voneinander getrennt, so daß sich in ihnen geographische Varietäten oder Unterarten entwickelt haben, die sich nicht nur physiologisch, sondern manchmal auch morphologisch voneinander unterscheiden. Die Schwarzkiefer aus Spanien und Südfrankreich wird als ssp. *salzmanii* bezeichnet, die aus Korsika und Kalabrien als ssp. *laricio,* vom Balkan und aus Österreich stammt die ssp. *nigra* und aus Griechenland und Kleinasien die ssp. *pallasiana.* Heute wird die Schwarzkiefer auch weiter im Norden angepflanzt, beim Aufforsten von Karstgebieten, trockenen Hängen und Sanddünen am Meeresstrand. Sie erreicht eine Höhe von 40 m. Sie hat ziemlich kräftige kienige Äste, die schwer abfallen, so daß der Stamm knorrig bleibt. Die Triebe sind dick, die Knospen über 2 cm lang. Die dunkelgrünen Nadeln lassen den Baum dunkel erscheinen und daher erhielt die Kiefer auch ihren Namen. Sie ist wärmeliebend und gedeiht deshalb besonders gut in Weinbaugebieten auf kalkreichen Böden. Sie ist sehr bescheiden in Hinsicht auf die Bodenfruchtbarkeit, die Feuchtigkeit des Standortes und den Humusgehalt des Bodens. Ihr Lichtbedürfnis ist etwas geringer als bei der Gemeinen Kiefer. Mit ihrer festen Krone leistet sie Winden gut Widerstand. Ihr Holz ist harzreich und wird im Bauwesen, besonders für Wasserbauten verwendet. Manchenorts wird aus ihren Beständen auch Harz gewonnen. Sie ist ein für das Anpflanzen in Parks geeigneter Zierbaum und in warmen Gebieten auch ein wichtiger Waldbaum.

Die Schwarzkiefer erreicht meistens eine Höhe von 30 m. Auf freiem Gelände bildet sie eine weit ausladende Krone. Die harten, 8—15 cm langen und 1,5—2 mm breiten Nadeln stehen zu zweit (1). Die männlichen und weiblichen Blüten entwickeln sich Ende Mai. Die männlichen Blüten sind gelb, 2 cm lang, auf den vorjährigen Trieben angehäuft. Die weiblichen Blüten sind rötlich und wachsen an der Spitze der sprießenden Triebe. Die Zapfen reifen zwei Jahre, sind eiförmig, 4—8 cm lang, mit gelbbraunen Schildchen, ohne Dornen am Ende der Fruchtschuppen (2). Die verschiedenfarbigen Samen sind 5—7 mm lang und haben einen 2 cm langen Flügel (3).

1
2
3

Gelbkiefer — Kieferngewächse

Pinus ponderosa DOUGL. ex C. LAWS — *Pinaceae*

Die Gelbkiefer wächst ursprünglich in Nordamerika in den Rocky Mountains, von Mexiko im Süden (23° n.B.) über Kalifornien und Oregon bis nach Britisch Kolumbien in Kanada (52° n.B.). Sie tritt in verschiedenen Höhenlagen von 300 bis 2100 m auf, besonders häufig in Gebieten mit einer verhältnismäßig geringen Niederschlagsmenge (400 bis 700 mm im Jahr). In ihrer Heimat erreicht sie eine Höhe von 40 bis 50 m und einen Stammdurchmesser von maximal 2 m. Sie wird 500 bis 600 Jahre alt. Nach Europa wurde sie 1827 eingeführt. Da ihr Wurzelsystem tief in den Boden eindringt, verträgt sie langfristige Trockenperioden. Sie ist lichtliebend und wenig anspruchsvoll in Bezug auf die Bodenfruchtbarkeit und -feuchtigkeit. In den ersten Jahren wächst sie langsamer, aber dann beschleunigt sich ihr Wachstum. Mit 20 Jahren erreicht sie eine Höhe von 8 m und im Alter wächst sie sogar rascher als die Gemeine Kiefer. Sie ist ziemlich frostfest, in strengen Wintern frieren nur die Nadelspitzen zurück. In West- und mitteleuropäischen Parks wird sie oft als Ziergehölz kultiviert. Mancherorts wird sie auch versuchsweise in Waldbeständen gepflanzt. Sie liefert festes, kieniges Holz, das sich gut bearbeiten läßt und weite Verwendung findet, besonders beim Häuserbau.

Die Gelbkiefer ist ein stattliches Gehölz mit einer dichten, kegelförmigen Krone und kräftigen Trieben. In Europa wird sie 30—40 m hoch. Der Stamm ist von einer dicken, tief gefurchten Borke bedeckt. Die Nadeln wachsen in Büscheln zu dritt, sind starr, 15—25 cm lang, 1,5 mm breit, hellgrün, im oberen Teil der Triebe gehäuft (1, 2). Die Gelbkiefer blüht Anfang Juni und die männlichen Blüten sind 3 cm lang. Die Zapfen reifen im nächsten Jahr, sie sind länglich eiförmig, hellbraun, 8—15 cm lang und beim Auseinandertreten 4—7 cm breit. Sie stehen oft in Quirlen zu dritt oder zu viert. Das Schildchen auf den Fruchtschuppen ist mit einem stacheligen Dorn versehen (3). Die Zapfen fallen bald ab und hinterlassen dabei auf dem Zweig die Rosette der unteren Fruchtschuppen. Der braune Samen ist 6—9 mm lang, mit einem 2 cm langen Flügel.

1
2
3

Mammutbaum Sumpfzypressengewächse
Sequoiadendron giganteum BUCHH. *Taxodiaceae*

Der berühmteste Baum Nordamerikas ist der Mammutbaum. Er wächst auf den Westhängen der Sierra Nevada in Kalifornien in einer Höhe von 1400 bis 2700 m ü.M. Einige Gebiete, in denen er vorkommt, wurden zum Nationalpark erklärt (King's Canyon, Sequoia, der Yosemite Nationalpark) und die größten Bäume wurden nach berühmten Personen benannt. Der Mammutbaum erreicht hier eine Höhe von 80 bis 100 m und einen Stammdurchmesser von 8 bis 9 m. Bei den ältesten Bäumen wurde ein Alter von 3500 bis 4000 Jahren ermittelt. Nach Europa wurde der Mammutbaum 1854 eingeführt und in den Parks West-, Mittel- und Südeuropas wächst eine Reihe mächtiger Bäume.

In der Jugend verträgt der Mammutbaum einen mittelstarken halbschattigen Standort, im Alter einen sonnigen. Um gut zu gedeihen, braucht er in Europa eine warme, geschützte Lage und frischen, feuchteren Boden. In strengen Wintern (—25 °C) erleidet er Frostschäden, kann sich aber gut regenerieren. In der Jugend bildet er eine tief in den Boden eindringende Pfahlwurzel und deshalb lassen sich ältere Setzlinge schlecht umpflanzen. Man kann ihn durch Samen und Stecklinge gut vermehren. Die Zapfen erreichen ihre endgültige Größe im Herbst des ersten Jahres und die Samen werden im Frühjahr des zweiten Jahres ausgeschüttet. Sie bleiben mehr als 10 Jahre keimfähig. Das Holz des Mammutbaumes ist rotbraun und sehr dauerhaft. Seit mehr als 1000 Jahren entwurzelte Bäume haben bis zum heutigen Tag gesundes Holz. Er ist ein Parkzierbaum, der zum Pflanzen in geschützten Lagen geeignet ist.

In Europa erreicht der Mammutbaum eine Höhe von 30—40 m und bildet eine breit kegelförmige Krone. Der Stamm ist von einer rotbraunen, in Fasern abschilfernden Borke bedeckt. Die Nadeln an den Zweigen sind schuppenförmig, 3 bis 6 mm lang und 1 mm breit. Sie stehen nur im oberen Drittel von den Zweigen ab (1). An den Haupttrieben sind die Nadeln 10—15 mm lang. Die Zapfen sind eiförmig, 5—7 cm lang, 4 cm breit und hängen an einem 2—2,5 cm langen Stiel (2). Sie bestehen aus 30—40 spiralig gestellten, holzigen Schuppen mit rautenförmigen Schildchen und einer Querfurche. Unter jeder Schuppe befinden sich 5—7 kleine Samen mit einem geflügelten Rand (3).

♂
1
2
♀
3

Urwelt-Mammutbaum Sumpfzypressengewächse
Metasequoia glyptostroboides HU et CHENG *Taxodiaceae*

Der Urwelt-Mammutbaum wurde als eines der letzten Gehölze der gemäßigten Zone entdeckt. Den Paläobotanikern war er von Fossilfunden schon früher bekannt, aber erst im Jahre 1944 wurden in China lebende Bäume gefunden und so wurde eine neue Art bestimmt. Er wächst auf einer kleineren Fläche zwischen den Provinzen Hupeh und Sichuan im Tal des Flusses Chang Jiang in einer Höhe von 700 bis 1300 m ü.M. Die jährliche Niederschlagsmenge dieses Gebietes beträgt 1000 bis 1250 mm und das Temperaturminimum liegt bei −10 °C, seltener bei −15 °C. Der Urwelt-Mammutbaum tritt hauptsächlich auf leichten, feuchten Böden mit einem erreichbaren Grundwasserspiegel in der Nähe von Bächen und kleinen Flüssen auf. Nach Europa wurde er im Jahre 1947 eingeführt. Heute wird er ziemlich viel in west-, mittel- und südeuropäischen Parks kultiviert. Er ist raschwüchsig, mit 20 Jahren erreicht er eine Höhe von 9 bis 12 m, im Alter wird er über 30 m hoch. Die Wurzeln dringen tief in den Boden ein. Er ist anspruchsvoll in Bezug auf Licht und Feuchtigkeit des Standortes. Seine Nadeln behalten während der ganzen Vegetationszeit eine hellgrüne Farbe, was dem Baum einen besonderen Reiz verleiht. Im Herbst werden die Nadeln zusammen mit den Kurztrieben (Brachyblasten) abgeworfen. In der Jugend ist der Urwelt-Mammutbaum gegen Winterfröste empfindlich, regeneriert aber gut und dies gilt auch für den zurückgefrorenen Haupttrieb. Ältere Exemplare vertragen Fröste bis −25 °C. Die Art ist ein wertvolles Parkgehölz, das sich zum Anpflanzen an feuchten Stellen eignet.

Der Urwelt-Mammutbaum ist ein laubabwerfender Nadelbaum, der eine Höhe von ungefähr 30 m erreicht. Er besitzt einen abholzigen Stamm mit einer starken, abschilfernden braunen Borke. Im Unterschied zur Sumpfzypresse (siehe Seite 62) tragen die Triebe deutlich sichtbare, kreuzweise gegenständige Knospen. Die flachen hellgrünen, 2 bis 5 cm langen und 2 mm breiten Nadeln sind auf den Zweigen kammförmig angeordnet (1). Im Herbst werden sie gelb und fallen ab. Die Blüten entwickeln sich im Juni, die männlichen bilden gelbe Ähren, die weiblichen stehen einzeln an den Spitzen der Zweige im oberen Teil der Krone. Die Zapfen reifen im ersten Jahr im Herbst. Sie sind kugelig, 1−2 cm lang, mit 20−30 Fruchtschuppen (2). Sie hängen an 3 cm langen Stielen. Der Samen mit zwei häutigen Flügeln ist 4−5 mm lang.

1
2

Die Sumpfzypresse ist in Nordamerika beheimatet. Sie wächst im südöstlichen Teil der USA in den Staaten Süd- und Nordkarolina, Illinois, Mississippi, Louisiana und Texas. Häufig ist sie besonders auf sumpfigen und überschwemmten Plätzen in den Tälern großer Flüsse, wo sie in Reinbeständen wächst. Auf trockeneren Lokalitäten kommt sie zusammen mit Laubgehölzen, wie dem Tupelobaum *(Nyssa aquatica)*, dem Hickory *(Carya aquatica)*, der Sumpfeiche *(Quercus palustris)* u. a. vor. An nassen Standorten bildet sie Atemwurzeln, die Pneumatophoren genannt werden. Das sind senkrechte, bis 1 m hohe Wurzeltriebe, die über das Wasser ragen und dem Baum genügende Luftmengen zuführen. Die Sumpfzypresse wird 300 bis 500 Jahre alt. Sie wirft im Herbst die Nadeln zusammen mit den bis 10 cm langen Kurztrieben ab. Nach Europa wurde sie schon 1640 eingeführt. Sie ist ein geschätzter Parkbaum für feuchte Standorte und wird in west-, mittel- und südeuropäischen Parks häufig kultiviert. Sie ist verhältnismäßig raschwüchsig und verlangt sonnige und gleichzeitig feuchte Standorte mit fließendem Wasser. An trokkenen Stellen gedeiht sie schlecht. In der Jugend ist sie frostempfindlich, im Alter sehr widerstandsfähig.

In Nord- und Südkarolina und in Florida wächst eine verwandte Art *T. ascendens.* Sie ist frostempfindlicher, verträgt aber auch Sümpfe mit stehendem Wasser. Die Sumpfzypressen vermehren sich nur durch Samen.

Die Sumpfzypresse erreicht eine Höhe von 30—35 m und einen Stammdurchmesser von 2 m. Der Stamm ist an seiner Basis auffallend verdickt. Die Triebe sind dünn, die Seitenknospen fast unkenntlich. Die Nadeln sind 10—16 mm lang, hellgrün, an den Zweigen zweizeilig angeordnet (1). Die Zapfen sind eiförmig-kugelig, 2—3 cm lang, kurzgestielt (2). Sie bestehen aus 10 bis 15 plattenförmigen Fruchtschuppen. Unter jeder Schuppe befinden sich 1—2 Samen (3). Die Zapfen reifen im ersten Jahr und zerfallen, nachdem sie auf den Boden gelangen. Vom Urwelt-Mammutbaum unterscheidet sich die Sumpfzypresse durch ihre fast unsichtbaren Knospen und durch die kürzeren, wechselständigen Nadeln.

1
2
3

Sicheltanne
Cryptomeria japonica (L. fil.) D. DON

Sumpfzypressengewächse
Taxodiaceae

Dieser nicht laubabwerfende Nadelbaum stammt aus Japan, wo er auf den Inseln Honshu, Shikoku und Kyushu in Höhen von 600 bis 1200 m ü.M. wächst. Er tritt auch in den Provinzen Zhejiang und Fujian in China auf. Die Sicheltanne wächst in niederschlagsreichen Gebieten mit einer hohen Luftfeuchtigkeit. In Japan erreicht sie eine Höhe von 40 bis 50 m und einen Stammdurchmesser von mehr als 2 m. Sie bildet entweder Reinbestände oder Mischwälder mit der Momitanne *(Abies firma)*, der Hinoki-Scheinzypresse *(Chamaecyparis obtusa)*, der Nußeibe *(Torreya)* und einer Reihe von Eichen- und Ahornarten. Blühreif werden die Pflanzen schon um das 15. Lebensjahr. Nach Europa wurde die Sicheltanne 1842 eingeführt. In westeuropäischen Gebieten mit maritimem Klima wächst sie gut, in Mitteleuropa leidet sie oft durch Frost. In der Jugend verlangt sie teilweise Beschattung und Frostschutz, im Alter erfordert sie mehr Licht. In einem warmen, feuchten Klima wächst die Sicheltanne rasch und in Japan liefert sie hohe Erträge an leichtem, dauerhaftem Holz, das beim Schiffsbau, für Wasserbauten und in der Tischlerei Verwendung findet. In Parks wird ihre Zierform *C. japonica* 'Elegans' kultiviert, die längere, weiche Nadeln aufweist und gegen 5 m hoch wird. Sie ist frostempfindlicher. Die Sicheltanne ist in Japan ein wichtiger Waldbaum, in Europa ein wertvolles Ziergehölz.

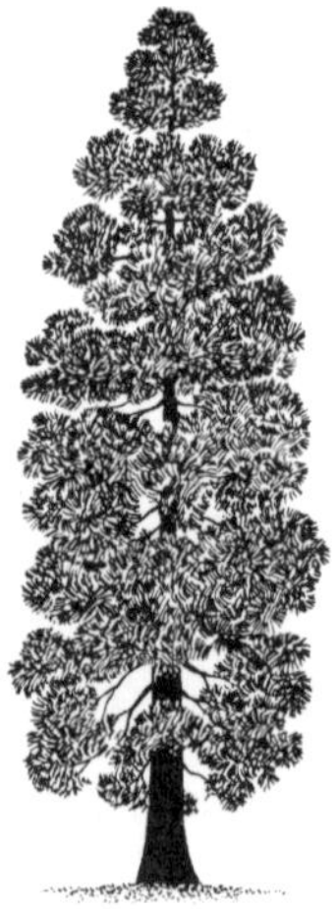

Die Sicheltanne erreicht in Europa eine Höhe von 20—30 m und bildet eine kegelförmige, ziemlich dichte Krone. Die Borke schilfert in Längsschuppen ab. Die Nadeln sind 6—15 mm lang, mit ihrem unteren Teil verlaufen sie längs des Zweiges, der obere Teil ist sichelförmig abgebogen. Sie sind zugespitzt und stehen spiralig am Zweig (1). Die Sicheltanne blüht zeitig im Frühjahr. Die männlichen Blüten sind 6 mm lang und wachsen in der Achsel der kürzeren Nadeln, die eiförmig kugeligen weiblichen Blüten sind endständig. Die Zapfen reifen im Herbst des ersten Jahres. Sie sind kugelig, mit einem Durchmesser von 15—22 mm und bestehen aus 15—30 Fruchtschuppen mit 4—5 Dornfortsätzen an der Spitze (2). Unter jeder Schuppe befinden sich 2—5 dreikantige Samen mit schmalen Flügeln, die nach dem Reifen der Zapfen bald herausfallen.

2

1

Flußzeder Zypressengewächse

Calocedrus decurrens (TORR.) FLORIN *Cupressaceae*

Die Flußzeder wurde erst im Jahre 1956 als selbständige Gattung definiert (vorher wurde sie der Gattung *Libocedrus* zugeordnet). In ihrer Heimat, von Kalifornien bis Oregon in den USA erreicht sie eine Höhe von 30 bis 40 m. Sie wächst in Mischwäldern zusammen mit der Riesentanne *(Abies grandis)*, der Küstendouglasie *(Pseudotsuga menziesii)* und der Gelbkiefer *(Pinus ponderosa)*. Am besten gedeiht sie auf feuchten terrassenförmigen Anschwemmungen und am Fuß von Hängen. Die Wurzeln gehen sowohl in die Tiefe als auch in die Breite, so daß der Baum gut im Boden verankert ist und sich gegen den Wind behaupten kann. Seine Krone ist verhältnismäßig schmal, daher ist er auch gegen Schneelast widerstandsfähig. Nach Europa wurde die Flußzeder im Jahre 1852 eingeführt. Sie wird in West- und Südeuropa ziemlich häufig kultiviert, seltener in Mitteleuropa. Sie verträgt Fröste bis zu −30 °C. Für ein gutes Wachstum verlangt sie tieferen, genügend feuchten Boden. Kalkböden verträgt sie ziemlich gut und ist auch gegenüber Abgasen tolerant. Sie ist ein Halbschattengehölz und ist in der Jugend langsamwüchsig. Blühreif wird sie erst nach dem 50. Lebensjahr und ist dann alle 3 bis 4 Jahre fruchtbar. Sie liefert leichtes Holz mit einem rötlichen Kern, das gegen Fäulnis widerstandsfähig ist. Es wird zur Erzeugung von Bleistiften und im Bauwesen verwendet. In Europa ist sie ein Parkziergehölz.

In Europa erreicht die Flußzeder eine Höhe von 25–30 m. Sie hat eine schmale, dichte, kegelförmige Krone. Der Stamm ist an der Basis verdickt und von einer rotbraunen längsrissigen Borke bedeckt. Die schuppenförmigen, ungefähr 4 mm langen Nadeln sind kreuzweise gegenständig auf den flachen Zweigen angeordnet (1, 2). Zum Blühen kommt sie Ende April. Die männlichen Blüten an den Triebspitzen sind gelb, die weiblichen grünlich. Die Zapfen reifen im September des ersten Jahres. Sie sind länglich eiförmig, etwa 25 mm lang und werden von 3 Paaren verholzter Schuppen gebildet, die in einen ausgewölbten Fortsatz auslaufen (3). Samen entwickeln sich nur unter dem mittleren Fruchtschuppenpaar, je zwei unter jeder Schuppe. Der längliche, 9 mm lange Samen ist mit zwei ungleich großen Flügeln versehen (4).

1
4
3
2

Die Zypresse ist ein für das ganze Mittelmeergebiet charakteristisches Gehölz. Ursprünglich trat sie nur in seiner östlichen Hälfte auf und reichte über die Türkei bis in den Nordiran. Heute wird sie im ganzen Mittelmeergebiet, in Westeuropa, Indien, Süd- und Nordamerika kultiviert. Schon im Römischen Reich galt sie als Trauerbaum und wurde häufig auf Friedhöfen gepflanzt. Ihr sagt ein warmes Klima mit mildem Winter zu. In Westeuropa gedeiht sie nur in maritimen Gebieten, das mitteleuropäische Klima verträgt sie nicht. Für kurze Zeit hält sie Frost bis –10 °C aus. Sie bildet eine mächtige Pfahlwurzel aus, die tief in den Boden dringt. Dank dieser Wurzel kann sie an sehr trockenen Orten wachsen und verträgt eine lange Dürreperiode im Sommer gut. In der Jugend verlangt sie Halbschatten, im Alter einen sonnigen Standort. Die Blühreife tritt sehr bald ein, schon im Alter von 5 Jahren. Ihre Varietät *horizontalis,* die eine weit ausladende Krone bildet, wird zum Aufforsten trockener Karstgebiete verwendet. Die schmale säulenförmige Varietät *pyramidalis* findet als Ziergehölz in Alleen und Parkanlagen Verwendung. Dieses langlebige Gehölz erreicht ein Alter von 500 bis 700 Jahren. Das Holz besitzt einen charakteristischen Duft und wurde schon im Altertum zum Bau von Tempeln und Schiffen verwendet.

C. sempervirens
var. *pyramidalis*

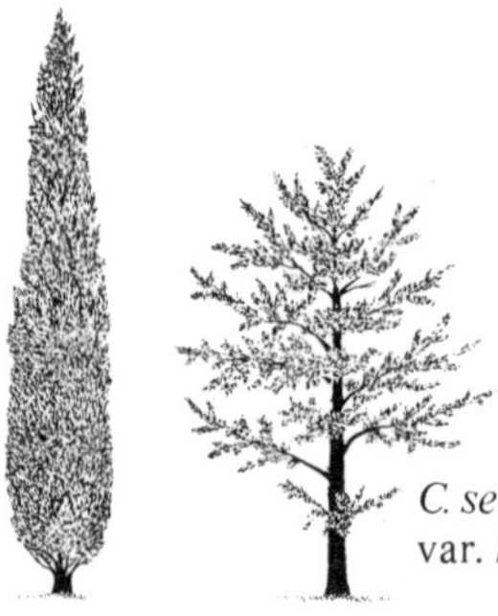

C. sempervirens
var. *horizontalis*

Die Echte Zypresse erreicht eine Höhe von 25–30 m. Sie bildet zwei Wuchsformen mit unterschiedlich geformter Krone: var. *pyramidalis* mit einer schlanken, kegelförmigen, dichten Krone und aufgerichteten Zweigen und var. *horizontalis* mit waagerecht abstehenden Zweigen und einer breiten, lichteren Krone. Sie hat dunkelgrüne, schuppige, 1 mm lange Nadeln, die kreuzweise vierzeilig angeordnet sind und sich dachziegelartig überdekken (1, 2). Die Zweige sind schwach vierkantig. Die Blüten entwickeln sich im April. Die männlichen sind klein, länglich, gelb, die weiblichen grün. Die Zapfen sind eikugelig, 2–3 cm lang mit 6–12 Fruchtschuppen (3). Sie werden nach zwei Jahren reif und die Schuppen öffnen sich dann. Unter jeder Schuppe befinden sich 8 bis 10 kleine, flache Samen (4).

1
2
3
4

Lawson-Weißzeder — Zypressengewächse

Chamaecyparis lawsoniana (MURRAY) PARL. — *Cupressaceae*

Sawara-Scheinzypresse

Chamaecyparis pisifera (SIEB. et ZUCC.) ENDL.

Die Lawson-Weißzeder kommt natürlich auf einer verhältnismäßig kleinen Fläche im Küstengebiet von Oregon und Kalifornien in den USA vor. Sie wächst in Mischbeständen mit der Küstendouglasie *(Pseudotsuga menziesii),* der Sitkafichte *(Picea sitchensis),* der Riesentanne *(Abies grandis)* und dem Riesen-Lebensbaum *(Thuja plicata)* in Höhen von 100 bis 1400 m ü.M. Für ein gedeihliches Wachstum braucht sie genügend Boden- und Luftfeuchtigkeit. In der Jugend verträgt sie Halbschatten und ist langsamwüchsig, später verlangt sie mehr Licht. Auf trockenen und seichten Böden gedeiht sie schlecht. Sie wurde 1854 nach Europa eingeführt und wird heute in West- und Mitteleuropa häufig angepflanzt. In strengen Wintern erleidet sie hier Frostschäden. Zu fruchten beginnt sie nach dem 20. Lebensjahr und trägt dann alle zwei Jahre Früchte. Sie wird 300 bis 400 Jahre alt.

Die ihr nahe verwandte Sawara-Scheinzypresse *(Ch. pisifera)* wächst in Japan auf den Inseln Honshu und Kyushu. Sie ist weniger frostempfindlich als die vorhergehende Art. Für ein gutes Wachstum erfordert auch sie einen feuchten Standort. Sie hat kleinere Zapfen und eine auffallendere weißliche Zeichnung auf der Unterseite der Nadeln als die vorhergehende Art. Nach Europa wurde sie 1861 eingeführt. Sie wird häufig in West- und Mitteleuropa kultiviert und verträgt auch das Klima in Finnland und in der Gegend von Leningrad in der UdSSR. Von beiden Scheinzypressenarten gibt es viele Sorten und Varietäten die häufig in Parks angepflanzt werden.

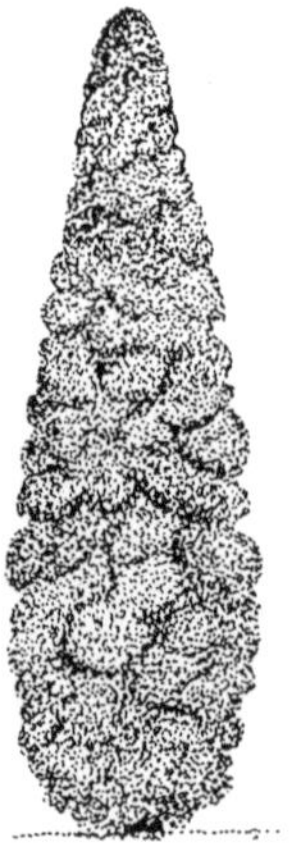

C. lawsoniana

Die Lawson-Weißzeder erreicht in Europa eine Höhe von 30—40 m und bildet eine schmale, kegelförmige Krone mit einem überhängenden Gipfeltrieb. Die schuppenförmigen Nadeln sind gegenständig in zwei Paaren angeordnet und weisen auf der Unterseite eine nicht sehr deutliche weißliche Zeichnung auf (1, 2). Die männlichen Blüten sind rot, die weiblichen bläulich grün. Die kugelförmigen, 7—8 mm langen Zapfen reifen im Herbst des ersten Jahres (3). Sie haben 8 schildchenförmige Fruchtschuppen, unter denen 2—4 flache kleine Samen sitzen.

Die Sawara-Scheinzypresse erreicht eine Höhe von 25—30 m und hat eine breitere, kegelförmige Krone. Die schuppenförmigen Nadeln sind auch hier

1

3

4

kreuzweise angeordnet, auf der Unterseite weisen sie eine deutlichere weiße Zeichnung auf (4, 5). Die Zapfen sind kugelig, nur 5—6 mm lang und mit einem schwach konvexen Schildchen versehen. Sie reifen im ersten Jahr.

2

5

Riesen-Lebensbaum Zypressengewächse
Thuja plicata DONN ex D. DON *Cupressaceae*

Der Riesen-Lebensbaum wächst im westlichen Teil Nordamerikas von Kalifornien (39° n.B.) bis Südalaska (57° n.B.), weiter landeinwärts bis Idaho und Alberta, wo er bis zu den Westhängen der Rocky Mountains reicht. Am besten gedeiht er aber in der feuchten Küstenzone und in Fluß- und Bachtälern. Hier erreicht er eine Höhe von 45—60 m und einen Stammdurchmesser von 150 bis 200 cm. Er wird 300 bis 700 Jahre alt. Er bildet Mischwälder mit der Küstendouglasie, der Sitkafichte, der Riesentanne und in den Rocky Mountains mit der westamerikanischen Weymouthskiefer, der Westlichen Hemlocktanne, der Küstendouglasie und Engelmanns Fichte. Nach Europa wurde dieser Baum 1853 eingeführt. In West- und Mitteleuropa wird er versuchsweise auch in Waldbeständen angepflanzt, sonst ist er ein geschätztes Parkziergehölz. Bis zum 10. Lebensjahr ist er langsamwüchsig, mit 20 Jahren erreicht er eine Höhe von 7 m, später beschleunigt sich das Wachstum. Der Riesen-Lebensbaum verlangt frischen, mittelmäßig fruchtbaren Boden. In freiem Gelände reichen die Äste der Bäume bis zum Boden. Die unteren Äste schlagen oft Wurzeln und aus ihnen entstehen neue Bäume. In strengen Wintern erleidet der Riesen-Lebensbaum in Mitteleuropa Frostschäden. Er liefert leichtes aber sehr dauerhaftes Holz. Die Indianer stellen daraus Kanus, Totems und ihre Behausungen her. Da das Holz leicht spaltbar und haltbar ist, wird es auch zu Schindeln verarbeitet und ebenso zum Bau von Häusern, für Täfelungen und zur Erzeugung leichter Möbel. In Parks sind die Sorten 'Aureovariegata' mit gelb gestreiften Zweigen und 'Atrovirens' mit glänzend dunkelgrünen beliebt.

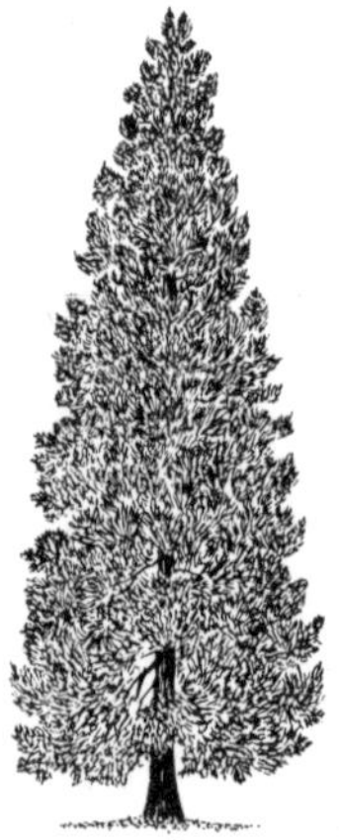

In Europa erreicht der Riesen-Lebensbaum eine Höhe von 30—50 m. Er besitzt eine mächtige, kegelförmige Krone. Die graubraune Rinde wandelt sich in eine rotbraune Borke um. Der Gipfeltrieb steht aufrecht, die jungen Zweige sind horizontal ausgebreitet, beim Zerreiben von stark aromatischem Duft. Die schuppenförmigen, 2 mm langen Nadeln sind an die flachen Zweige angedrückt. Oberseits sind sie glänzend grün, unterseits mit einer weißlichen Zeichnung (1, 2). Die männlichen und weiblichen Blüten stehen

an den Triebsspitzen. Die Zapfen sind länglich eiförmig, 11 mm lang und bestehen aus 10—12 lederartigen Schuppen (3). Der Samen ist klein, flach, 6 mm lang mit einem häutigen Flügel.

Abendländischer Lebensbaum
Thuja occidentalis L.

Zypressengewächse
Cupressaceae

Morgenländischer Lebensbaum
Thuja orientalis L.

Der Abendländische Lebensbaum, ist ein nordamerikanischer Baum. Er wächst in Kanada, im Gebiet der Großen Seen und weiter im Norden bis zur Hudsonbai. Vereinzelt tritt er auch in den Apalachen in den USA auf. Auf versumpften Lokalitäten oder auf einer kalksteinhaltigen Unterlage bildet er stellenweise Reinbestände, sonst tritt er in Mischwäldern zusammen mit der Weymouthskiefer (*Pinus strobus*), der Kanadischen Hemlocktanne *(Tsuga canadensis),* der Ostamerikanischen Lärche *(Larix laricina)* und Ahornarten auf. Er erreicht nur eine Höhe von 15 bis 20 m und bildet oft eine geschlossene Schicht unter höheren Gehölzen. Nach Europa wurde er bereits 1540 eingeführt und heute findet man diesen Baum in den Parks West- und Mitteleuropas häufig. Er ist frostfest. An den Boden und das Licht stellt er keine großen Ansprüche. Er wird für immergrüne Hecken verwendet und auch oft auf Friedhöfen gepflanzt. Es gibt eine Reihe von Zierformen, so z.B. die schmalen säulenförmigen Sorten 'Malonyana' und 'Fastigiata', die buntgefärbten 'Aureovariegata und 'Lutea', oder die kugeligen Zwergformen 'Globosa' und 'Recurva nana'.

Der Morgenländische Lebensbaum *(T. orientalis)* stammt aus Nordostchina und Korea. Er wird nur 10 bis 16 m hoch und wächst langsam. Er wurde erst 1737 nach Europa eingeführt, heute wird er in West-, Mittel- und Südeuropa häufig gepflanzt. Der Baum verlangt einen mittelhellen Standort und verträgt auch flache und trockene Böden. In Mitteleuropa leidet er unter Frösten und wird daher nur in geschützten Lagen gepflanzt. Er ist auch für lebende Hecken geeignet.

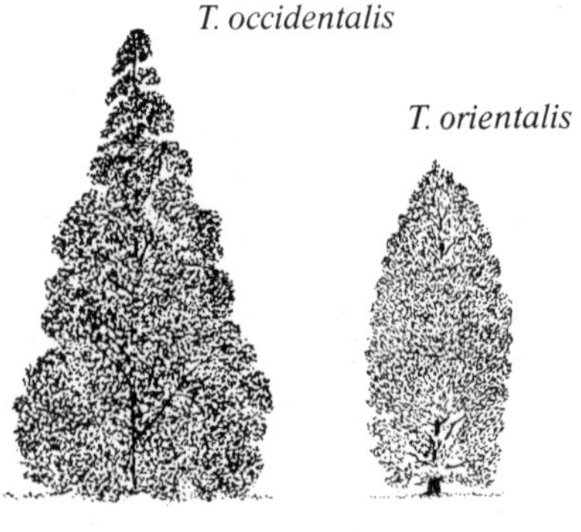

Der Abendländische Lebensbaum bildet eine schmale, kegelförmige Krone. Die Borke ist graubraun, der Gipfeltrieb steht aufrecht. Die jungen Zweige sind waagerecht abstehend. Die flachen, schuppenförmigen Nadeln sind kreuzweise gegenständig (5). Ihre Oberfläche ist dunkelgrün (1), die Unterseite gelbgrün ohne weißliche Zeichnung (2). Die länglichen Zapfen sind 8—12 mm lang und haben 4—5 Fruchtschuppenpaare (4). Der Samen ist flach, mit einem häutigen Saum versehen.

Der Morgenländische Lebensbaum bildet eine kegelförmige Krone mit senkrecht ausgebreiteten Zweigen. Sie sind auf beiden Seiten gleichmäßig grün und weniger abgeflacht. Die schuppenartigen

4

6

5

1

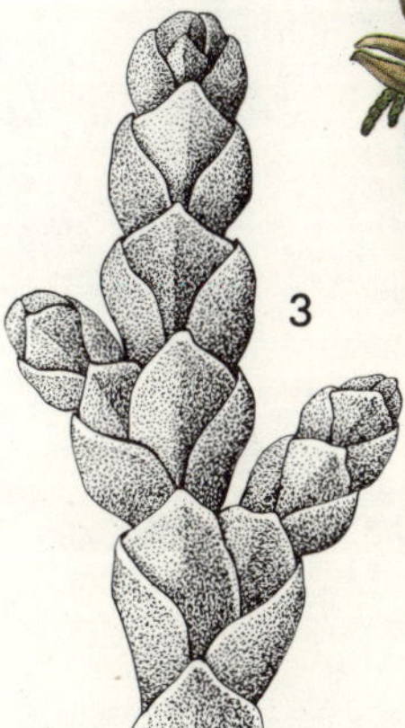

3

2

Nadeln des mittleren Paares sind mit einer deutlich sichtbaren Harzdrüse ausgestattet (3). Die Zapfen sind 11—15 mm lang, mit dicken, bläulich bereiften Fruchtschuppen, die einen hakenförmigen Fortsatz tragen (6). Der Samen ist nicht abgeflacht und ähnelt einem Roggenkorn.

Gemeiner Wacholder Zypressengewächse
Juniperus communis L. *Cupressaceae*

Der Gemeine Wacholder ist fast in ganz Europa verbreitet. Im Norden reicht er bis zum Polarkreis, im Süden bis nach Afrika und Kleinasien und dringt über den Ural weit nach Sibirien vor. Er wächst auch in Nordamerika. Meistens ist er strauchförmig, man begegnet aber auch 12 bis 15 m hohen Bäumen. Er erreicht ein Alter von 80 bis 100 Jahren. Der Wacholder stellt weder an das Klima noch an den Boden besondere Ansprüche. Er tritt von den Niederungen bis hoch ins Gebirge auf und erreicht Höhen von über 1000 m ü.M. Er wächst sowohl auf Kalk- als auch auf Kieselböden und gedeiht ebenso gut auf trockenen Hängen wie an feuchten Standorten. Besonders häufig findet man ihn in lichten Kiefernwäldern, denn er verlangt einen sonnigen Standort und verträgt nur leichte Beschattung. Deshalb begegnet man ihm am häufigsten auf Weiden, Heideland, an felsigen Stellen u. a.

Der Wacholder entwickelt in der Jugend eine tief in den Boden eindringende Pfahlwurzel, die es ihm ermöglicht, an trockenen Stellen zu wachsen. Weil sie so tief wurzeln, lassen sich größere Jungpflanzen nur schwer versetzen und wachsen schlecht an. Der Wacholder ist ein wichtiges Pioniergehölz, das die Rückkehr des Waldes auf Weideland ermöglicht, wie auch ein bodenschützendes Gehölz, das der Bodenerosion entgegenwirkt. In Parkanlagen kommen die säulenförmigen Sorten zur Geltung. In der subalpinen Zone der Hochgebirge und im Norden Europas in der Tundra tritt die Zwergform ssp. *alpina* auf. Sie bildet einen weit ausladenden, ungefähr 0,5 m hohen Strauch.

Der Gemeine Wacholder ist ein weit ausladender Strauch oder ein Baum, der bis 10 m hoch wird und eine kegelförmige Krone bildet. Die graubraune Borke löst sich faserförmig ab. Die Nadeln stehen zu je drei Quirlen. Sie sind 10—15 mm lang, steif und zugespitzt. Von den Zweigen stehen sie fast geradewinklig ab (1). Der Wacholder blüht Anfang Mai. Die Blüten entwickeln sich an den vorjährigen Trieben in den Nadelachseln. Die männlichen Blüten (2) sind gelb, 3—4 mm lang, die weiblichen (3) grün, 2 mm lang. Der Wacholder ist ein zweihäusiges Gehölz. Die Früchte (4) reifen zwei Jahre lang. Sie sind beerenartige, rundlich eiförmige, schwarzblau bereifte Beerenzapfen mit einem Durchmesser von 5—7 mm. Sie enthalten 2—3 Samen. Die Hochgebirgs-

varietät *alpina* hat 4–8 mm lange, dicht zusammendrängte Nadeln und Beerenzapfen mit einem Durchmesser von 8 mm.

Virginischer Wacholder
Juniperus virginiana L.

Zypressengewächse
Cupressaceae

Der Virginische Wacholder wächst im östlichen Teil des nordamerikanischen Kontinents von Südontario in Kanada bis nach Florida im Süden der USA. Am häufigsten ist er auf armen Böden, wo er stellenweise Reinbestände bildet oder in Mischwäldern mit *Quercus velutina, Q. marilandica, Carya tomentosa* und anderen Laubbäumen auftritt. Am besten gedeiht er auf Kalkböden. Er ist ein langsamwüchsiges Gehölz, mit 20 Jahren nur 3 bis 4 m hoch. Er erreicht eine Höhe von 15 bis 20 m und einen Stammdurchmesser von 50 cm und wird 200 bis 300 Jahre alt. Ein gedeihliches Wachstum an trockenen Standorten wird durch sein tiefreichendes Wurzelsystem ermöglicht.

Der Virginische Wacholder wurde 1648 nach Europa eingeführt und seitdem oft als Ziergehölz in Parkanlagen verwendet. Von den säulenförmigen Sorten sind 'Glauca' mit graublauen Nadeln und der sehr schlanke 'Skyrocket' die bekanntesten. Beliebt ist auch die breite, strauchförmige Sorte 'Tripartita', von der nur männliche Exemplare bekannt sind. Der Virginische Wacholder erfordert einen sonnigen bis halbschattigen Standort und ist auch in Mitteleuropa frostfest. Aus dem weichen Holz, das sich schneiden läßt, wurden früher Bleistifte hergestellt und deshalb wurde das Gehölz in Europa auch versuchsweise in kleineren Beständen angepflanzt.

Der Virginische Wacholder wird in Europa 12—15 m hoch und bildet eine dichte, schmal kegelförmige Krone. Die rotbraune Borke löst sich in schmalen Längsstreifen ab. Die Triebe sind schwach vierkantig, nur etwa 1 mm dick. Der Baum hat zweierlei Nadeln (1), schuppenförmige und nadelförmige. An alten Exemplaren herrschen schuppenförmige Nadeln (2) vor, die 1,5—2 mm lang sind und an den jungen Zweigen vierzeilig angeordnet sind. Die nadelförmigen Blätter sind 5—8 mm lang und meistens gegenständig in Paaren angeordnet, oberseits rinnig und weißlich. Die weiblichen Beerenzapfen sind eiförmig, bläulich bereift, 5 bis 6 mm lang (3). Sie reifen im ersten Jahr

2

1

und enthalten 1—2 Samen, die erst im zweiten Jahr keimen. Die Früchte werden von Vögeln gefressen, die dann die Samen verbreiten.

Sadebaum
Juniperus sabina L.

Der Sadebaum ist ein niedriger, immergrüner Strauch, der nur 1 bis 2 m hoch wird, sich aber mehr in die Breite entwickelt. Er hat meistens kriechende Stämme mit aufgerichteten Zweigspitzen. Er ist im Gebirge verbreitet, von Spanien über Italien und den Balkan bis auf die Halbinsel Krim, den Kaukasus und Mittelasien. Am weitesten nach Norden reicht er im Pieniny-Massiv in den Karpaten. Er ist eine an Trockenheit angepaßte Art, die auf armen, flachen Böden, besonders mit steinigem oder felsigem Untergrund wächst. Er verlangt einen sonnigen Standort. Am besten gedeiht er auf trockenen, der Sonne voll ausgesetzten Hängen. Manchmal vermehrt er sich auch durch Bewurzelung der am Boden kriechenden Zweige. Er ist stark aromatisch und an heißen Tagen ist die Luft über den Beständen mit einem unangenehmen Geruch gesättigt. Der ganze Strauch ist sehr giftig und enthält das ätherische Öl Sabinol, das Magen-, Nieren- und Gebärmutterentzündungen und -krämpfe hervorruft. Er bildet eine ganze Reihe von Formen und Sorten, die sich im Wuchs oder in der Färbung unterscheiden. So hat z.B. die Sorte 'Erecta' aufgerichtete Zweige, 'Tamariscifolia' ist niedrig und weit ausladend, 'Glauca' ist stahlgrau gefärbt, 'Variegata' hat hellgelbe Flecken auf den grünen Zweigen. Der Sadebaum wird als Zierstrauch in Parks gepflanzt. Wegen der Giftigkeit ist Vorsicht geboten.

Der Sadebaum ist ein liegender, meistens 0,5—1 m hoher Strauch mit rundlichen, 1 mm breiten Trieben. Junge Exemplare und die unteren Äste älterer Sträucher weisen nadelförmige Blätter auf, die 3 bis 5 mm lang sind (3). Sie sind gegenständig, oberseits mit einem weißen Streifen. Ältere Exemplare weisen vorwiegend schuppenförmige, 1—2 mm lange, gegenständige Blätter auf (1), die mit einer deutlich sichtbaren Harzdrüse versehen sind. Die zerriebenen Blätter haben einen unangenehmen Geruch (Stinkwacholder). Männliche und weibliche Blüten entwickeln sich auf verschiedenen Sträuchern. Die Beerenzapfen hängen an kurzen Zweigen, sind rundlich oval, 5—7 mm lang und grau bereift (2). Sie enthalten 2—3 Samen.

1
2
3

Japanese Nußeibe
Torreya nucifera (L.), SIEB. et ZUCC.

Eibengewächse
Taxaceae

Die Japanische Nußeibe kommt in der Natur auf den japanischen Inseln Honshu, Shikoku und Kyushu vor. Sie tritt hier in der unteren Schicht von Bergwäldern zusammen mit *Taxus cuspidata* und der Kopfeibe *(Cephalotaxus harringtonia* var. *drupacea)* auf. Auf der Insel Honshu erreicht sie eine Höhe von 1000 m ü.M., auf Shikoku steigt sie bis 1400 m und auf Kiushu bis 1800 m. Sie gedeiht nur in einem warmen und feuchten Klima bei ausreichender Bodenfeuchtigkeit. In ihrer Heimat wird sie 10 bis 25 m hoch und verträgt eine Beschattung durch höhere Gehölze gut. Direktes Sonnenlicht sagt ihr nicht zu. Nach England wurde sie schon 1764 eingeführt, starb aber wieder aus. Erst im Jahre 1840 brachte sie der deutsche Zoologe und Physiologe Prof. Siebold erneut nach Europa. Heute wird sie in Parks und botanischen Gärten in Großbritannien, Frankreich, der BRD und DDR, der Tschechoslowakei, wie auch in Südeuropa kultiviert. In den meisten Ländern findet man auch fruchtende Exemplare. Die Nußeibe friert in Europa in strengen Wintern zurück. Sie läßt sich daher nur in warmen und geschützten Gegenden anbauen. Der Samen wird entweder im Herbst ausgesät oder stratifiziert. Vegetativ aus Stecklingen vermehrte Exemplare wachsen nur als Sträucher. Das Holz hat einen gelben Kern und ist gegen Fäulnis widerstandsfähig. Es findet beim Bau von Schiffen und Häusern Verwendung. Es weist keine Harzkanäle auf. Die Früchte sind fetthaltig und eßbar. In Nordamerika wächst die nahverwandte Art *T. californica* mit längeren Nadeln (4 bis 7 cm), die noch frostempfindlicher ist.

Die Nußeibe erreicht in Europa eine Höhe von 8—15 m. Sie hat eine breite, kegelförmige Krone und eine rotbraune, abschilfernde Borke. Die Nadeln (1) sind 17—35 mm lang, 2—3 mm breit, oberseits glänzend dunkelgrün, unterseits mit zwei bräunlichen Streifen versehen. Sie sind leicht gebogen und laufen in eine Spitze aus. An den Zweigen sind sie gegenständig angeordnet. Das Gehölz ist zweihäusig. Die männlichen Blüten wachsen auf der Unterseite der Zweige und sind 7 bis 13 mm lang. Die weiblichen Blüten stehen paarweise an den Kurztrieben. Der Sa-

1

3

2

men (2) mit einer fleischigen Hülle (3) ist länglich elliptisch, 2—3,5 cm lang, grünlich mit einem rötlichbraunen Hauch.

Eibe Eibengewächse
Taxus baccata L. *Taxaceae*

Die Eibe ist fast über ganz West-, Mittel- und Südeuropa verbreitet. Ihr Verbreitungsareal erstreckt sich von Schottland (58° n.B.) und Norwegen (61° n.B.) im Norden über die BRD, DDR und Polen bis nach Riga und biegt von dort in die Karpaten und auf die Balkanhalbinsel ab. Sie tritt auch in Kleinasien, im Nordiran und im Kaukasus auf. Am höchsten, über 20 m, wird sie in Großbritannien und im Kaukasus. Am häufigsten kommt sie heute in den Karpaten vor, wo Lokalitäten mit 50 000 Bäumen auf einer nicht allzu großen Fläche keine Seltenheit sind. Sonst bildet die Eibe keine Reinbestände. Früher war sie in den Wäldern sehr häufig, aber infolge der menschlichen Tätigkeit hat sich ihre Zahl in den letzten 500 bis 700 Jahren stark verringert. Schon im Mittelalter wurden aus dem elastischen Eibenholz Armbrüste gefertigt, später auch Möbel. Auch die Kahlschlagwirtschaft hat sie aus den Wäldern verdrängt. Heute steht sie in den meisten europäischen Ländern unter Naturschutz. Sie wächst hauptsächlich in Mischwäldern, in denen die Buche vorherrscht, in Lagen von 300 bis 1000 m auf felsigen, besonders kalksteinhaltigen Hängen. Sie ist frostempfindlich und tritt in Gebieten mit kontinentalem Klima nicht auf. Die Eibe ist ein langsamwüchsiges Gehölz, verträgt Schatten und erreicht ein Alter von mehr als 1000 Jahren. Mit Ausnahme des Fruchtbechers, der den Samen einhüllt, enthält der ganze Baum das giftige Alkaloid Taxin. Die Eibe verträgt Formschnitt, läßt sich auch vegetativ durch Stecklinge vermehren und ist gegen die Luftverschmutzung durch Abgase in Städten widerstandsfähig. Sie weist eine Reihe von Zierformen auf (säulenförmige, mit bunten Nadeln u.a.), die in Parks gern gepflanzt werden.

Die Eibe wird 10—18 m hoch und bildet eine breit kegelförmige Krone, die bis zum Boden reicht. Die knorrigen Stämme sind von einer rotbraunen, dünnen Borke bedeckt, die in großen Schuppen abblättert. Die flachen Nadeln (1) sind 15 bis 30 mm lang, 2—2,5 mm breit, in eine Spitze auslaufend. Oberseits sind sie glänzend dunkelgrün, unterseits gelbgrün. Die männlichen und weiblichen Blüten entwickeln sich Anfang April. Die Eibe ist zweihäusig. Die gelben männlichen Blüten wachsen auf der Unterseite der Triebe (2), die grünen, knospenförmigen

weiblichen Blüten stehen auf ihrer Oberseite. Der eiförmige Samen ist 6–7 mm lang und sitzt in einem fleischigen, roten Fruchtbecher (3).

Ginkgo — *Ginkgo biloba* L.

Ginkgogewächse
Ginkgoaceae

Der Ginkgo ist heute der einzige lebende Vertreter der Familie Ginkgogewächse, deren Angehörige im Tertiär weit verbreitet waren. Darwin nannte ihn ein „lebendes Fossil". Heute ist es schwierig, sein natürliches Verbreitungsgebiet genau zu bestimmen, da er nirgends auf der Erde wild wächst. Wahrscheinlich stammt er aus den Provinzen Yunnan und Zhejiang in China. Er hat sich nur in Parkanlagen bei Klöstern, Tempeln, Palästen und an heiligen Stätten erhalten, da er in China und Japan jahrhundertelang als kultischer Baum angepflanzt wurde. Seine Blätter sind denen der Laubbäume ähnlich, er gehört aber zu den nacktsamigen Gehölzen. Nach Europa wurde er 1730 eingeführt und wird heute in west- und mitteleuropäischen Parks angepflanzt. Er erreicht ein hohes Alter und wird mehr als 30 m hoch. Sein Stammdurchmesser beträgt über 2 m. Er gedeiht auf nahrhaften frischen Böden und verträgt Fröste bis −30 °C. Er ist lichtliebend und wird solitär oder in kleinen Gruppen gepflanzt. Auf öffentlichen Plätzen und Straßen wird der männliche Baum bevorzugt, der keine Früchte trägt. Die fleischigen reifen Früchte fallen ab und verbreiten einen unangenehmen Geruch. Der Ginkgo ist durch seine eigentümlichen Blätter und die Form seiner Krone sehr wirkungsvoll. Er verträgt durch Abgase verschmutzte Stadtluft gut. Die Blätter färben sich vor dem Abfall goldgelb.

Der Ginkgo erreicht in Europa eine Höhe von 20—25 m. In Abhängigkeit vom Geschlecht bildet er entweder eine schmal kegelförmige oder eine weit ausladende Krone. Die Borke ist schwarzgrau, rissig. Die Blätter stehen in Büscheln zu je 3 bis 5 auf den Kurztrieben und werden vor dem Winter abgeworfen. Sie sind dreieckig bis zweilappig, lederartig, 4—9 cm lang, langgestielt. Die Blattnerven verlaufen parallel gabelförmig (1). Die Blüten sind eingeschlechtig, die männlichen bilden 2—3 cm lange Ähren, die weiblichen stehen paarweise auf Stielen. Die Frucht ist einer gelbgrünen Steinfrucht ähnlich, ihr Durchmesser beträgt 18 bis 25 mm und sie hängt an einem 5 cm langen Stiel (2). Sie enthält einen weißlichen, zweikantigen Kern, der 15 mm lang ist (3). Die gerösteten Kerne sind eßbar.

3
2
1

Die Magnolien wachsen in Nordamerika und Ostasien wild und gehören ihrer Abstammung nach zu den ältesten Laubbäumen der Welt. Ihren wissenschaftlichen Namen verdankt die Gattung dem französischen Professor der Medizin und Botanik Pierre Magnole aus Montpellier. Die Magnolien besitzen große, wirkungsvolle einzelstehende Blüten und werden deshalb schon lange als Ziergehölze in Parkanlagen und Gärten gepflanzt. Eine der in Europa am häufigsten kultivierten Arten ist die Soulange-Magnolie. Sie ist ein Bastard von *M. denudata* und *M. liliiflora* und erhielt ihren Artnamen nach dem französischen Züchter Soulange, der sie 1820 in die Kultur einführte. Die Soulange-Magnolie ist ein kleiner, stark verzweigter Baum. Die großen Blüten erscheinen im Frühjahr, im April noch vor der Laubentfaltung. Manchmal werden sie durch Spätfröste beschädigt und färben sich braun. Der Baum verträgt aber kurzfristige Fröste bis −25 °C. Seine Bodenansprüche sind gering und Trockenheit verträgt er am besten von allen Magnolienarten. Durch Züchtung sind aus ihm zahlreiche Sorten entstanden, die sich durch die Farbe ihrer Blüten und ihren Habitus unterscheiden. Es sind dies z.B. 'Lenneana' mit rosenroten Blüten, 'Alexandrina' mit hellrosa Blüten, 'Alba superba' und 'Amabilis' mit weißen Blüten, die sich frühzeitig entwikkeln und die raschwüchsige und großblütige 'Brozzonii'.

Die Soulange-Magnolie ist ein laubabwerfender Baum mit einer weit ausladenden Krone, der eine Höhe von 4—8 m erreicht. Die Spitzen der Jahrestriebe und die Knospen sind graugrün filzig. Die Blütenknospen sind bedeutend größer, 3—4 cm lang. Die Blätter (1) sind wechselständig, lederartig, elliptisch, 8—15 cm lang, der Blattgrund ist keilförmig. Unterseits sind die Blätter flaumhaarig. Die glockenförmigen Blüten (2) stehen aufrecht an den Zweigen, ihr Durchmesser beträgt ungefähr 10 cm. Von außen sind sie hellrosa angehaucht. Die Kelchblätter sind um die Hälfte kleiner als die Kronblätter. Im Herbst reift der fleischige gekrümmte Fruchtstand (3), dessen einzelne Klappen beim Reifen bersten und die schwarzen Samen mit orangegelben Fruchtbechern freigeben.

2
1
3

Tulpenbaum Magnoliengewächse

Liriodendron tulipifera L. *Magnoliaceae*

Der Tulpenbaum hat ein ausgedehntes Verbreitungsgebiet im östlichen Teil des nordamerikanischen Kontinents. Er tritt von Arkansas und Alabama in nördlicher Richtung bis nach Michigan und New York auf. Er kommt auch in den südlichen Teilen Kanadas vor. Er gedeiht auf entwässerten Böden in Fluß- und Bachtälern. Böden mit einem höheren Kalkgehalt meidet er. Er bildet Mischwälder mit der Hickorynuß *(Carya)*, dem Schwarznußbaum *(Juglans nigra)*, der Weißeiche *(Quercus alba)* und anderen Laubbäumen. In seiner Heimat erreicht er eine Höhe von 50 m und einen Stammdurchmesser von 2 m. Er wird 300 bis 400 Jahre alt. Nach Europa wurde er schon 1663 eingeführt und wird heute in west- und mitteleuropäischen Parks und ebenso in der Ukraine und im Kaukasus häufig angepflanzt. Er verträgt kurzfristige Fröste bis —30 °C. Ungefähr vom 8. Lebensjahr an wächst er rasch und verlangt schon in der Jugend volles Licht. Nach dem 20. Lebensjahr beginnt er zu blühen und Früchte zu tragen. Er blüht Ende Juni, der Samen reift im Oktober, besitzt aber eine geringe Keimfähigkeit (um 10%). Die Blätter werden im Herbst gelb. Der Tulpenbaum liefert hochwertiges Holz mit einem braunen Kern, das zur Herstellung von Möbeln und anderen Einrichtungsgegenständen dient. Deshalb wird er in Europa auch manchenorts versuchsweise in die Waldbestände eingeführt. Er wirkt sehr reizvoll nicht nur durch die Form seiner Blätter und seiner Blüten, sondern auch durch seinen mächtigen, geraden Stamm mit der hoch angesetzten Krone.

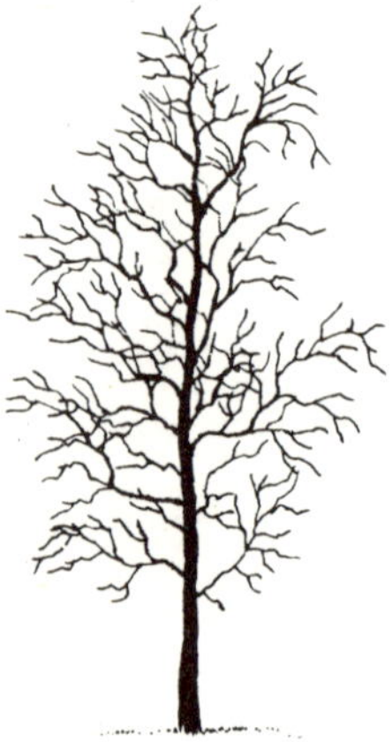

Der Tulpenbaum ist ein stattliches Gehölz, das in Europa bis 40 m hoch wird. Sein Wurzelsystem dringt tief in den Boden ein und breitet sich auch nach den Seiten aus. Er weist eine schwarze, grobrissige Borke auf. Die Knospen in der Form von Entenschnäbeln (5) sind bläulich bereift. Die Blätter sind wechselständig, 10—16 cm lang und haben eine charakteristische leierähnliche Form mit 4 Lappen und einen ungefähr 10 cm langen Blattstiel (1). Die Blüten sind tulpenähnlich und bestehen aus drei grünen zurückgebogenen Kelchblättern und sechs gründgelben Kronblättern mit orangefarbenen Streifen (2). Die Früchte sind in aufrechten, zapfenartigen, 5—8 cm langen Fruchtständen angeordnet (3). Die Frucht ist eine 3—5 cm lange Flügelfrucht mit einer kielförmigen Rippe (4) und enthält in der Basis 1—2 Samen.

2
3
1
5
4

Eberesche, Vogelbeere
Sorbus aucuparia L.

Rosengewächse
Rosaceae

Speierling
Sorbus domestica L.

Das natürliche Verbreitungsgebiet der Eberesche erstreckt sich fast über ganz Europa. Im Norden reicht sie über den Polarkreis hinaus, im Südosten dringt sie nach Kleinasien und über den Ural bis nach Sibirien vor. In Mitteleuropa wächst sie von den Niederungen bis zur Waldgrenze im Gebirge bis zu Lagen über 1600 m ü.M. Sie ist vollkommen frostfest und ihre Bodenansprüche sind gering. In der Jugend verträgt sie eine starke Beschattung, im Alter erfordert sie aber einen sonnigen Standort. In der Waldwirtschaft kommt ihr als Pioniergehölz große Bedeutung zu. Ihre Samen werden von den Vögeln verbreitet und so hilft die Eberesche bei der Besiedlung von Kahlschlägen und anderen Ödflächen. Die Beliebtheit der Eberesche bei den Vögeln wurde früher von den Vogelstellern ausgenützt. Sie befestigten auf den Bäumen Netze und Schlingen zum Fangen der Vögel. Es existieren auch süße Sorten der Eberesche ('Dulcis', 'Moravica'), deren Früchte eingekocht oder zur Bereitung von Marmelade verwendet werden. Diese Sorten müssen aber durch Pfropfen oder Okulieren vermehrt werden, da der süße Geschmack der Früchte sich bei der generativen Vermehrung (aus Samen) nicht vererbt. Die Eberesche eignet sich auch als Alleebaum in höheren Lagen und als Ziergehölz für Parkanlagen.

Der Speierling *(S. domestica)* wächst im Hügelland von Spanien bis Kleinasien. Er verlangt warme, mittellichte Standorte und gedeiht am besten auf Hängen mit einer Unterlage aus Kalkstein. Er wird bis 20 m hoch und bildet starke Stämme, da er ein Alter von 400 Jahren erreichen kann. Er liefert hartes Holz mit einem rotbraunen Kern. Früher wurde er auch als Obstbaum angebaut, heute ist er ein beliebtes Allee- und Parkgehölz.

S. aucuparia

Die Eberesche erreicht nur eine Höhe von 12–20 m. Der Stamm ist von einer glatten, graubraunen Rinde bedeckt. Die Knospen sind länglich, schwarzgrau filzig (4). Die Blätter sind wechselständig, unpaarig gefiedert, 12–17 cm lang, aus 9–15 länglichen, scharf gesägten Fiederblättchen zusammengesetzt (1). Die weißen, in reichen Rispen stehenden Blüten (2) entfalten sich Ende Mai. Die ziegelroten Scheinfrüchte (3) haben einen Durchmesser von etwa 1 cm und enthalten 2–4 tropfenförmige Samen.

3

1

Der Speierling unterscheidet sich von der Eberesche durch eine schwarzbraune, rissige Borke, nackte Knospen und Blätter, die unterseits grau-filzig sind. Die Scheinfrüchte sind birnenförmig, grünbraun und über 2 cm lang (5).

4

5

2

Elsbeere
Sorbus torminalis (L.) CRANTZ

Rosengewächse
Rosaceae

Die Elsbeere ist ein europäisches Gehölz, das hauptsächlich in Süd- und Mitteleuropa verbreitet ist. Die nördliche Grenze ihres Areals liegt in Großbritannien (nicht in Schottland und Irland) und erstreckt sich dann über die BRD, DDR und Polen bis in die Ukraine, den Kaukasus und nach Kleinasien. Auch in Nordafrika ist sie natürlich verbreitet. Die Elsbeere ist ein wärmeliebendes Gehölz und tritt nur in einzelnen Exemplaren in der Gesellschaft wärmeliebender Eichenwälder auf, an Waldrändern und auf warmen Geröllhängen. Im nördlichen Teil ihres Areals sagen ihr besonders Kalkböden zu. An Bodenfeuchtigkeit, -tiefe und -fruchtbarkeit stellt sie keine besonderen Ansprüche. Halbschatten verträgt sie gut. Sie erreicht eine Höhe von 15 bis 20 m, auf trockenen Lokalitäten wächst sie manchmal in Strauchform. Die Elsbeere wird 300 Jahre alt und bildet bis 60 cm dicke Stämme. Die Blätter färben sich im Herbst rotbraun, die Früchte werden mit Vorliebe von den Vögeln gefressen. Die Elsbeere ist ein Herzwurzler mit weitreichenden Nebenwurzeln. Manchmal vermehrt sie sich auch durch Wurzelbrut. Sie liefert hartes, schweres Holz, aus dem z.B. Schnitzblöcke, Holzschrauben, Meßwerkzeuge, Zollstöcke u.a. hergestellt werden. In warmen Gegenden wird sie in Alleen und Parks gepflanzt. In Südeuropa bildet sie manchmal Bastarde mit der Mehlbeere *(S. aria)*. Der Bastard *(S. latifolia)* hat rundliche, gelappte Blätter, die unterseits graugrün filzig sind.

Die Elsbeere ist ein 10—15 m hohes Gehölz mit einer breiten, eiförmigen Krone. Der Stamm ist von einer bräunlichen, würfelförmig rissigen Borke bedeckt. Die Knospen (4) sind glänzend, kugelig, von gelbgrünen Schuppen mit braunen Rändern bedeckt. Die Blätter sind wechselständig, breit eiförmig, 8—12 cm lang, mit 5—7 Lappen, deren unterstes Paar am längsten ist und fast waagerecht absteht (1). Der Rand ist gesägt. Die weißen Blüten in lockeren Rispen (2) entfalten sich Anfang Juni. Die Frucht ist eine ovale, braune, weiß gepunktete, 10—15 mm lange Scheinfrucht (3). Sie enthält 2—4 braune, 6 mm lange Samen.

1
2
3
4

Mehlbeere | Rosengewächse
Sorbus aria (L.) CRANTZ | *Rosaceae*

Oxelbeere, Schwedische Mehlbeere
Sorbus intermedia (EHR.) PERS.

Die Mehlbeere kommt in West-, Mittel- und Südeuropa natürlich vor, dringt aber auch bis nach Nordafrika und Kleinasien vor. Im Norden reicht sie bis Großbritannien und zum Südzipfel von Schweden und weiter über die BRD, DDR und Polen in die Karpaten und auf die Balkanhalbinsel. Auf diesem großen Gebiet ist die Mehlbeere unregelmäßig und nur verstreut vertreten. Da sie lichtliebend ist, wächst sie häufig an Stellen, wo sie einer kleineren Konkurrenz anderer Gehölze begegnet, besonders auf felsigen Hängen und Geröllhalden. Auf Kalkböden und warmem Gestein steigt sie bis hoch ins Gebirge auf, bis 1400 m ü.M. Sonst ist sie in Europa vor allem an warme Gebiete und wärmeliebende Eichenwälder gebunden. Sie ist sehr widerstandsfähig gegen Trockenheit und findet deshalb beim Aufforsten von Karstgebieten Verwendung. An nährstoffarmen, trockenen Stellen kommt sie oft in Strauchform oder als kleiner Baum vor. Auf fruchtbarem Boden in Parkanlagen wird sie aber bis 10 m hoch. Die *Sorbus*-Arten lassen sich leicht miteinander kreuzen.

Als spontaner Bastard der Eberesche *(S. aucuparia)* und der Mehlbeere *(S. aria)*, der schon lange Zeit existiert, gilt die Oxelbeere *(S. intermedia)*. Sie kommt in Schweden, Norwegen, in Norddeutschland und an der Ostseeküste Polens vor. Die Art ist absolut frostfest, wenig anspruchsvoll in Bezug auf Feuchtigkeit und verträgt eine schwache Beschattung. Eine ähnliche Art, die Mougeot-Mehlbeere *(S. mougeotii)* wächst im Alpengebiet.

Die Mehlbeere ist ein laubabwerfender Strauch oder Baum mit einer glatten, grauen Rinde. Die Knospen sind von grünlich braunen, schwach filzigen Schuppen bedeckt (4). Die wechselständigen Blätter sind breit elliptisch, 6–12 cm lang und 5–8 cm breit. Oberseits sind sie glänzend grün, unterseits grünweiß-filzig (1). Der Rand ist doppelt gesägt. Sie blüht in der zweiten Maihälfte, die Blüten sind weiß (2). Die Frucht ist eine dunkelrote kugelförmige Scheinfrucht, deren Durchmesser 15 mm beträgt und die um den Kelchüberrest weißlich behaart ist (3). Sie enthält 2–4 braune, tropfenförmige Samen.

Die Oxelbeere erreicht eine Höhe von 15 m und bildet eine weit ausladende, eiförmige Krone. Die Blätter sind breit elliptisch, 8–10 cm lang, mit beiderseits 7–9 flachen, gezähnten Lappen. Unterseits sind die Blätter graugrün filzig (5). Die orangeroten eiförmigen Scheinfrüchte sind 12 mm lang. Beide Arten finden auch als Ziergehölze in Parks Verwendung.

S. aria

1
3
5
4
2

Zweigriffeliger Weißdorn
Crataegus laevigata DC.

Rosengewächse
Rosaceae

Eingriffeliger Weißdorn
Crataegus monogyna JACQ.

Der Zweigriffelige Weißdorn ist fast in ganz Europa verbreitet und dringt auch nach Nordafrika und Kleinasien vor. Die nördliche Grenze seiner Verbreitung liegt in Norwegen und Schweden jenseits des 60. Breitengrades. Er reicht bis Leningrad und von dort zum Kaspischen Meer. Er tritt von den Auenwäldern in den Niederungen bis hoch ins Gebirge in eine Höhe von 1500 m ü.M. auf. Er kommt in einzelnen Exemplaren im Unterholz von Wäldern, an Waldrändern oder in Strauchgesellschaften auf verlassenem Weideland vor. Er stellt keine großen Bodenansprüche, bevorzugt aber schwere Lehmböden. Auf Kalkböden steigt er hoch ins Gebirge auf. Er wächst entweder in Strauchform oder bildet niedrige Bäume mit einer verhältnismäßig lichten Krone. Er erreicht ein Alter von 300 Jahren. Die Blüten entfalten sich im Mai und verbreiten dabei einen unangenehmen Geruch. Die getrockneten Blüten sind eine wichtige Droge. In Alleen, Straßen und Parks findet man manchmal die roten Sorten (Rotdorn) 'Paulii' und 'Rubra plena', die besonders für engere Straßen geeignet sind.

Außer dem Zweigriffeligen Weißdorn kommt in Europa auch der Eingriffelige Weißdorn *(C. monogyna)* häufig vor. Dieser bevorzugt trockene und warme Hänge und reicht im Osten bis an den Don im europäischen Teil der UdSSR. Die Weißdornarten werden oft als dornige Heckenzäune verwendet oder als Ziergehölze in Parks und Alleen.

C. laevigata

Der Zweigriffelige Weißdorn ist ein laubabwerfender Strauch oder bis 7 m hoher Baum mit dornigen Zweigen und einer schwach rissigen Borke am Stamm. Die Blätter sind wechselständig, eiförmig, 2–5 cm lang, dreilappig, am Rand gesägt (1). Am Blattstiel sitzen zwei abfallende Nebenblätter (2). Die weißen Blüten stehen in einer reichen Doldentraube (3) und erscheinen im Mai. Die dunkelroten, fäßchenförmigen Scheinfrüchte sind 8 bis 10 mm lang, mit Kelchresten (4). Sie enthalten 2–3 dreiseitige Kerne.

4

1

Der Eingriffelige Weißdorn erreicht eine Höhe von 10 m. Seine Blätter sind tiefer ausgebuchtet, fünflappig (5). Die Scheinfrucht ist der vorhergehenden Art ähnlich, enthält aber nur einen Kern.

3

2

5

Wildbirne, Holzbirne Rosengewächse
Pyrus pyraster (L.) BURGDORF *Rosaceae*

Die Wildbirne wächst wild in ganz West-, Mittel- und Südeuropa und dringt über die Ukraine bis nach Kleinasien vor. In Großbritannien ist sie wahrscheinlich nicht heimisch und wurde erst als Kulturpflanze dorthin gebracht. In der Jugend hat die Holzbirne eine pyramidenförmige Krone, die sich später ausbreitet. Sie wird nicht höher als 25 m, vereinzelt findet man aber auch 30 m hohe Exemplare mit einem Stammdurchmesser um 150 cm. Sie ist ein langlebiger Baum und kann ein Alter von über 500 Jahren erreichen. Der Stamm ist im Alter von einer plättchenförmig rissigen Borke bedeckt. Die Holzbirne hat tiefreichende Wurzeln und bevorzugt leichte, ausreichend kalkreiche Böden. Sie ist wärmeliebender als der Wildapfel (siehe Seite 102) und tritt hauptsächlich in wärmeren Gegenden bis in eine Höhe von 700 m ü.M. auf. Sie wächst an Waldrändern, an Rainen und warmen Hängen. Sie verlangt einen mittellichten Standort und ist frostempfindlicher als der Wildapfel. Mit ihren vielen weißen Blüten, die sich im Mai entfalten und den rotgefärbten Blättern im Herbst ist sie eine Zierde der Landschaft. Aus dieser Ausgangsform sind durch Züchtung viele Kulturobstsorten entstanden. Die Wildbirne liefert hellrosa gefärbtes, hartes Holz von feiner Struktur, das zur Herstellung von Möbeln und anderen Tischlerei- und Schnitzereierzeugnissen geeignet ist. Einen Schnitt der Äste verträgt sie sehr gut.

Die Wildbirne wird ca. 12—20 m hoch, hat eine länglich eiförmige Krone mit im Alter überhängenden Zweigspitzen. Die Triebe sind glänzend braun, die seitlichen oft dornig (4). Die wechselständigen Blätter sind fast rund, 2—5 cm lang, am Rand fein gesägt (1). Der Stiel ist ebenso lang wie die Spreite. Die weißen Blüten haben einen Durchmesser von 2—4 cm und sind aus 5 Kronblättern zusammengesetzt. Die Staubblätter haben auffallend rote Staubbeutel (2). Die grüne Scheinfrucht ist kugel- oder birnenförmig, 3—4 cm lang (3). Sie enthält 5—10 schwärzliche, tropfenförmige Samen.

1
3
4
2

Wildapfel, Holzapfel
Malus sylvestris MILL.

Rosengewächse
Rosaceae

Der Wildapfel ist fast in ganz Europa verbreitet. Die Nordgrenze seiner Verbreitung verläuft durch den mittleren Teil Schwedens und Finnlands über die UdSSR bis nach Asien. Der Wildapfel bildet verkrümmte, knorrige Stämme und eine breite Krone. Er wird 10 bis 15 m hoch und erreicht ein Alter von mehr als 100 Jahren. Im Unterschied zu der Wildbirne verträgt er auch schweren lehm-tonigen Boden gut, verlangt aber eine höhere Bodenfeuchtigkeit. Auf fruchtbaren Böden mit einem höheren Kalkgehalt gedeiht er besser. Er erfordert einen mittellichten Standort und tritt an Rändern von Laubwäldern und in Strauchbeständen an Hängen auf. Er bildet die Ausgangsart für eine große Anzahl von Kulturobstsorten, die heute die meistverbreiteten Obstbäume in der gemäßigten Zone der nördlichen Halbkugel darstellen. Zur Blütezeit ist der Wildapfel ein überaus reizvoller Baum und seine Früchte liefern Wildfutter. Er wird in Wildgehegen, in Windschutzstreifen und an Waldrändern angepflanzt. In Parkanlagen bevorzugt man wirkungsvollere Apfelarten mit schönen Blättern und Früchten, wie z.B. den sehr reichblütigen Japanischen Apfel *(M. floribunda)*, der Zierapfel *(M. purpurea)* (4) und *M. × atrosanguinea* mit roten Blättern und Früchten, oder den Arnoldszierapfeln *M. arnoldiana* u.a.

Der Wildapfel ist ein kleinerer, 5—15 m hoher Baum. Sein Stamm ist im Alter von einer graubraunen, in großen Schuppen abblätternden Borke bedeckt. Die Blätter sind wechselständig, eiförmig, 3—5 cm lang, am Ende zugespitzt, am Rand gesägt (1). Der Stiel ist so lang wie die halbe Spreite. Die rosenrot angehauchten Blüten stehen in lockeren Doldentrauben (2). Ihr Durchmesser beträgt 3—5 cm. Sie weisen 5 Kronblätter auf. Die Blüten entfalten sich Anfang Mai. Im Herbst, im September bis Oktober, reifen die runden gelblichen Scheinfrüchte (3), die einen Durchmesser von 4—5 cm haben. Sie enthalten 5—10 tropfenförmige Samen.

2
4
1
3

Vogelkirsche Rosengewächse
Prunus avium (L.) L. *Rosaceae*

Pflaume, Zwetsche
Prunus domestica L.

Die Vogelkirsche wächst fast in ganz Europa wild. Die Nordgrenze ihrer Verbreitung verläuft von Großbritannien über Dänemark und Polen zum Kaukasus. Sie kommt auch in Kleinasien vor. Sie wächst vereinzelt in Laubmischwäldern in den Niederungen und im Hügelland, gelangt aber aus den Tälern bis in eine Höhe von 800 m. Für ein gutes Gedeihen erfordert sie genügend Bodenfeuchtigkeit. In der Jugend verträgt sie starke Beschattung, später verlangt sie hellere Standorte. Sie ist ein kurzlebiges Gehölz, das 100 Jahre alt wird. Sie kann eine Höhe von 25 m erreichen, und bildet einen geraden Stamm mit auseinanderstrebenden Ästen. Die Rinde ist in der Jugend glatt, rotbraun, im Alter wird sie zu einer graubraunen Borke, die in dünnen Streifen abblättert. Die Vogelkirsche blüht von April bis Mai, die Blüten sind weiß. Die Früchte reifen Anfang Juli. Sie werden mit Vorliebe von Vögeln gefressen und so verbreitet. Die Vogelkirsche liefert leichtes, rotbraunes Holz, das sich zur Möbelherstellung eignet. Sie war schon im Römischen Reich eine Kulturpflanze und ist die Stammart vieler Kulturobstsorten.

Die Pflaume oder Zwetsche *(P. domestica)* ist mit der Kirsche nahe verwandt. Von ihrem Ursprung weiß man nicht viel, möglicherweise ist sie vor Jahrtausenden durch Kreuzung der kaukasischen Pflaume und der Schlehe entstanden. Heute wird sie als Obstbaum überall gepflanzt.

P. avium

P. domestica

Die Vogelkirsche bildet einen 10–20 m hohen Baum mit einer ausladenden Krone. Die jungen Zweige sind bräunlich, die Blütenknospen eiförmig und sitzen gedrängt an den Kurztrieben (4). Die wechselständigen Blätter sind eiförmig, 7 bis 14 cm lang, am Rand grob gesägt (1) mit 1–2 Drüsen am Stielende. Die weißen Blüten (2) haben einen Durchmesser von 2,5–3 cm und stehen in kleinen Büscheln. Die Früchte sind rote Steinfrüchte (3), 1 cm im Durchmesser mit langen Stielen. Sie enthalten einen glatten Kern.

1

3

4

2

5

Die Pflaume oder Zwetsche ist ein 6—10 m hoher Baum mit eiförmigen, gesägten, 5—8 cm langen, unterseits flaumig behaarten Blättern. Die weißlichen Blüten sind nur 1,5 cm groß. Die Früchte sind schwarzblaue, bereifte, 2—4 cm lange Steinfrüchte (5), die einen flachen gefurchten Kern enthalten.

Traubenkirsche Rosengewächse
Prunus padus L. *Rosaceae*

Späte Traubenkirsche
Prunus serotina EHRH.

Die Traubenkirsche wächst fast in ganz Europa und reicht über Sibirien bis nach Kamtschatka. Im Norden dringt sie bis über den Polarkreis hinaus vor. In Südeuropa ist sie selten. Sie wächst vor allem an nassen Lokalitäten entlang von Bächen, sie steigt bis über 1000 m hoch ins Gebirge. Im Gebirge wächst ihre strauchförmige Varietät *petraea.* Sie begleitet oft Erlen- und Weidenbestände, in denen sie die untere Schicht bildet. Sie verträgt mittlere Beschattung und meidet Böden mit höherem Kalkgehalt. Die Blüten erscheinen Anfang Mai. Die Früchte werden von den Vögeln geholt und so in der Umgebung verbreitet.

Ihre nahe amerikanische Verwandte, die Späte Traubenkirsche *(P. serotina),* ist ein 20 bis 25 m hoher Baum. Die Art bildet gerade Stämme mit einer in Quadraten abblätternden Borke. Sie kommt im östlichen Teil von Nordamerika von Texas im Süden bis zum Gebiet der Großen Seen in Kanada natürlich vor. Am häufigsten wächst sie auf feuchten Böden in der Nähe von Seen und Bächen, verträgt aber auch trockeneren Sandboden. Deshalb verwendet man sie in Europa als Laubbaum in trockeneren Kieferbeständen. Sie ist vollkommen frostfest und verträgt mittlere Beschattung. Sie blüht einen Monat später als die Traubenkirsche und auch die Früchte reifen später. Beide Traubenkirschenarten werden wegen ihrer duftenden Blüten als Ziergehölze in Parks gepflanzt. Die Späte Traubenkirsche liefert hochwertiges Holz und eignet sich auch als Alleegehölz.

P. padus

Die Traubenkirsche ist ein Strauch oder ein kleinerer Baum, der eine Höhe von 10 m erreicht. Sie weist eine schwarze Rinde, Zweige mit kleinen Spaltöffnungen in der korkartigen Rinde und zugespitzte Knospen (4) auf. Die wechselständigen, elliptischen Blätter sind 6—12 cm lang. Der Rand ist fein und scharf gesägt (1). Die weißen Blüten haben einen Durchmesser von 10—15 mm und bilden eine überhängende, 10 cm lange Traube (2). Die Früchte sind kugelige, schwarze, 8 mm große Steinfrüchte (3) mit einem unregelmäßig gefurchten Kern.

Die Späte Traubenkirsche ist ein stattlicher Baum mit einem geraden Stamm.

Sie hat lederartige, 6—12 cm lange Blätter. Sie sind oberseits glänzend grün, unterseits um den Hauptnerv rostbraun behaart (5). Die Späte Traubenkirsche blüht einen Monat später als die Vogelkirsche. Die Steinfrüchte sind weinrot.

Felsenkirsche
Prunus mahaleb L.

Rosengewächse
Rosaceae

Die Felsenkirsche wird höchstens 14 m hoch. Sie bildet einen kurzen Stamm und eine breite Krone mit dünnen, überhängenden Zweigen. Sie wächst von Spanien über das Mittelmeergebiet bis nach Mittelasien und zum Kaukasus. Im Norden dringt sie in das Tal der oberen Donau und auf die Südhänge der Karpaten vor. Sie ist ein Bestandteil der wärmeliebenden Wälder auf sonnigen Hängen, am besten gedeiht sie auf Kalkböden. Sie ist sehr widerstandsfähig gegen Trockenheit und wächst auch an felsigen Stellen mit flachem Boden. In den südlichen Kalkalpen tritt sie bis in eine Höhe von 800 m ü.M. auf. Am besten wächst sie an hellen Standorten, verträgt aber auch seitliche Beschattung. Aus ihren Stöcken wachsen viele Schößlinge hervor, so daß sie sich leicht erneuert. Sie erreicht ein Alter von 100 bis 120 Jahren.

Ihr Holz mit einem braunen Kern riecht angenehm nach Kumarin und wird zur Herstellung von Pfeifen, Zigarettenspitzen und anderen kleinen Gegenständen verwendet. Für diesen Zweck wird sie manchenorts in Plantagen gezogen. Die Ruten werden schon nach 3—5 Jahren geschnitten. Weil sie keine Ansprüche an die Bodenfeuchtigkeit stellt, wird sie auch zur Aufforstung von Karstgebieten oder trockenen, unfruchtbaren Böden verwendet. Als Ziergehölz wird sie in Parks gepflanzt, entweder solitär oder an den Rändern. Da sie Schnitt gut verträgt, findet sie manchmal für geschnittene Heckenzäune Verwendung. Im Obstbau dient sie als Unterlage für Kulturkirschen und Weichselsorten.

Die Felsenkirsche ist ein laubabwerfender, meistens 5—12 m hoher Baum mit einer dichten, kugelförmigen Krone und einer schwarzbraunen, glatten Borke. An den Zweigen befinden sich kleine, hellbraune Knospen (4). Die Blätter sind wechselständig, rundlich eiförmig, 4 bis 5 cm lang. Oberseits sind sie glänzend grün, unterseits heller, der Rand ist fein gesägt (1). Am oberen Ende des Blattstiels befinden sich 1—2 Drüsen. Die weißen Blüten (2) stehen zu je 5—10 in lockeren, aufrechten Traubendolden. Sie erscheinen im Mai. Die Früchte wachsen in Gruppen zu je 2 bis 5 und reifen im September bis Oktober. Es sind eiförmige, ungefähr 7 mm lange, erst rote (3), beim Reifen schwarze Steinfrüchte und enthalten einen gelben, abgeflachten Kern.

1
3
2

Amberbaum
Liquidambar styraciflua L.

Zaubernußgewächse
Hamamelidaceae

Der Amberbaum ist im östlichen Teil Nordamerikas im Stromgebiet des Mississippi und Ohio natürlich verbreitet. Im Norden reicht er bis zum Staat New York und im Süden bis nach Florida. Er ist das vorherrschende Gehölz in Mischlaubwäldern mit Pappeln und Eichen auf nahrhaften Anschwemmungen. Weniger sagt ihm Sumpfboden mit stehendem Wasser zu. Auch auf einer trockenen Unterlage aus Kalkstein wächst er schlecht. Er erreicht eine Höhe von 35 m und einen Stammdurchmesser von 1 m. Er wird 200 bis 300 Jahre alt. An den Zweigen bilden sich schon in der Jugend Korkleisten. Er ist ein ausgesprochenes Lichtgehölz und besiedelt auch verlassene Felder und andere freie Flächen. In der Jugend ist er raschwüchsig und vom 25. bis 30. Lebensjahr an beginnt er Früchte zu tragen. Nach Europa wurde der Amberbaum schon 1681 eingeführt und heute findet man ihn in den Parks West- und Mitteleuropas und im europäischen Teil der UdSSR bis Kiew. In strengen Wintern erleidet er leichte Frostschäden. In Parkanlagen ist er wegen der purpurroten Färbung, die die Blätter im Herbst annehmen, und wegen der Korkauswüchse an den Zweigen sehr beliebt. Er liefert wertvolles, schwarzbraunes Holz, das dem Nußholz ähnlich ist und zur Herstellung von Möbeln und anderen Einrichtungsgegenständen dient. Aus den Früchten und dem Holz wird ein Balsam gewonnen, der in der Medizin und zur Erzeugung von Kaugummi verwendet wird.

In Europa erreicht der Amberbaum eine Höhe von 25—30 m. Er besitzt ein weitreichendes Wurzelsystem und eine eiförmige Krone. Der lange Stamm ist von einer schwärzlichen, längsrissigen Borke bedeckt. Die Knospen (4) sind eiförmig, wechselständig, 6—7 mm lang und duften angenehm, wenn man sie zerreibt. Die sternförmig lappigen Blätter mit 5—7 tiefen Lappen (1) sind 10—18 cm lang. Die Lappen sind zugespitzt, am Rand fein gesägt. Der Blattstiel ist 8—14 cm lang. Die männlichen Blüten stehen in Knäulchen in einer aufgerichteten Traube, die weiblichen sind in einem kugeligen Blütenstand angeordnet und ihr Durchmesser beträgt ungefähr 12 mm (2). Sie haben keine Kronblätter, sondern nur einen Kelch.

Der kugelförmige, gestielte Fruchtstand (3) mit einem Durchmesser von 2,5 – 3 cm ist aus Kapseln zusammengesetzt, die sich im Herbst öffnen. Jede Kapsel enthält zwei kurzgeflügelte Samen.

Gewöhnliche Platane
Platanus × hispanica MUENCHH.

Platanengewächse
Platanaceae

Morgenländische Platane
Platanus orientalis L.

Der wissenschaftliche Name dieser Gattung ist vom griechischen Wort „platos“ = weit abgeleitet. Es wird angenommen, daß die Gewöhnliche Platane ein Bastard der 1561 nach Großbritannien eingeführten Morgenländischen Platane *(P. orientalis)* und der Westlichen Platane *(P. occidentalis)* ist, die aus Nordamerika stammt und seit 1640 in Europa kultiviert wird. Der Bastard ist viel anpassungsfähiger und frostfester als die Eltern und hat sich deshalb über Mittel- und Osteuropa bis zur Ostsee verbreitet. Die Platane ist ein mächtiger Baum, der uns durch die Breite seiner Krone und seines Stammes beeindruckt. Am besten gedeiht sie in tiefen, feuchten Böden, verträgt aber auch leichtere Böden, wenn sie genügend feucht sind. Sie verlangt einen halbschattigen bis sonnigen Standort. Die trockene oder abgasverschmutzte Luft der Städte verträgt sie gut. Sie eignet sich vorzüglich zum Anpflanzen in Alleen, auf breiten Straßen und Boulevards oder als Einzelgehölz in großen Parks.

Die Morgenländische Platane *(P. orientalis)* ist vom Iran über Kleinasien bis auf die Balkanhalbinsel natürlich verbreitet. Sie erreicht eine Höhe von 40 m, einen Stammdurchmesser von 3 m und wird 2000 Jahre alt. In Mitteleuropa leidet sie häufig unter den Frösten. Auch die zweite Art des Elternpaares, die Westliche Platane, ist in Mitteleuropa nicht ganz frostfest. Natürlich wächst sie in Nordamerika, in den Flußtälern von Texas bis zum kanadischen Gebiet der Großen Seen.

P. × hispanica

Die Gewöhnliche Platane ist ein 30 m hoher, laubabwerfender Baum mit einem starken Stamm und einer weit ausladenden Krone. Die Borke blättert am Stamm und an den Ästen in großen Schuppen ab, was dem Baum seine bunte gelbgraue Färbung verleiht. Die kegelförmigen Knospen (4) sind von einer Schuppe bedeckt und bis zum Abfallen der Blätter im verbreiterten Grund des Blattstiels verborgen (5). Das Blatt ist handförmig fünflappig, ungefähr 20 cm lang (1). Im Mai entwickeln sich die männlichen und weiblichen Blüten, die in kugeligen Köpfen getrennt auf dem Baum stehen. (2). Die kugeligen Fruchtstände (3) mit einem Durchmesser von ungefähr 3 cm wachsen allein oder zu zweit auf langen Stielen. Im November zerfallen sie in behaarte, tropfenförmige Flügelfrüchte.

Die Blätter der Morgenländischen Platane sind in tiefe Lappen geteilt (6) und bis 6 Blütenstände stehen nebeneinander. Die Westliche Platane hat 3–5 weniger ausgebuchtete Lappen (7) und einzelnstehende Blütenstände.

Gleditschie, Dorngleditschie
Gleditsia triacanthos L.

Johannisbrotgewächse
Caesalpiniaceae

Den wissenschaftlichen Gattungsnamen verdankt der Baum dem deutschen Botaniker Gleditsch und den Artnamen den dreiteiligen Dornen (acanthos). Die Gleditschie ist im östlichen Teil von Nordamerika natürlich verbreitet, von Texas über das Stromgebiet des Mississippi bis nach Michigan im Norden und nach Kansas und Nebraska im Westen. Am besten gedeiht sie auf nahrhaften und feuchten Flußanschwemmungen, wächst aber auch auf einer trockeneren Unterlage aus Kalkstein und wird häufig als Windschutz in den Steppen verwendet. Sie besitzt ein weit ausgebreitetes Wurzelsystem und erreicht ein Alter von 120 bis 150 Jahren. Sie ist ein Lichtgehölz wärmerer Gegenden und erleidet deshalb in Mitteleuropa in strengen Wintern Frostschäden. Nach Europa wurde sie 1700 eingeführt und wird heute in Süd-, West- und Mitteleuropa viel kultiviert. In Südeuropa verwendet man sie auch oft als lebende Heckenzäune, die wegen der großen Dornen fast undurchdringlich sind. Die unreifen Früchte – grüne Hülsen – dienen als Viehfutter. Die Gleditschie ist ein wichtiges Honiggehölz. Wegen der langen Hülsen, die den Winter über am Baum bleiben, und der glänzenden langen Dornen wird sie in wärmeren Gegenden oft in Parkanlagen und Alleen angepflanzt. Der Nachteil ist, daß sie spät ausschlägt und das Laub zeitig im Herbst abwirft.

Die Gleditschie ist ein 25 m hoher Baum mit einem geraden Stamm und einer eiförmigen, abgeflachten Krone. Die Borke ist schwärzlich, plattenförmig abschilfernd. An den Zweigen und manchmal auch am Stamm befinden sich glänzend braune, dreiteilige, 6–9 cm lange Dornen. Die Knospen sind verborgen. Die Blätter (1) sind wechselständig, einfach bis doppelt paarig gefiedert, 14–25 cm lang. Sie sind aus 16–30 länglichen, 1 bis 3 cm langen Fiederblättchen zusammengesetzt und am Rand fein gesägt. Die unscheinbaren, grünen Blüten (2) erscheinen in 4–5 cm langen Trauben im Juni. Die Frucht ist eine flache Hülse, über 20 cm lang und etwa 3 cm breit, beim Reifen im Oktober braunviolett (3). Sie enthält eine größere Anzahl von eiförmigen, hellbraunen, 7–10 mm langen Samen (4).

1
2
3
4

Der Schnurbaum stammt aus China, wo er südlich von Peking wächst, und von der Halbinsel Korea. Den Artnamen *japonica* bekam er, weil er aus Japan nach Europa gebracht wurde. In Japan wird er aber nur als Kulturpflanze angebaut. Seine Boden- und Feuchtigkeitsansprüche sind sehr bescheiden. Auch an das Licht stellt er keine großen Anforderungen und kann als Halbschattengehölz bezeichnet werden. Nach Europa wurde er 1747 eingeführt und wird heute in Süd-, West- und Mitteleuropa häufig gepflanzt. Besonders gut bewährt er sich im rauchigen und trockeneren Stadtklima und wird in Alleen oder in Parks gepflanzt. Solitär gesetzt weist er oft einen krummen Stamm auf, aber im geschlossenen Bestand bildet er gerade Stämme mit einer hoch angesetzten Krone. Er schlägt ziemlich spät im Frühjahr aus und blüht erst im August. Da die Blüten Honig führen und zu einer Zeit erscheinen, wenn nur noch wenige Gehölze blühen, wird der Schnurbaum von den Imkern sehr geschätzt. Die Früchte bleiben bis tief in den Winter hinein an den Bäumen und verleihen der Krone eine hellgrüne Farbe. Der Schnurbaum beginnt schon in seiner Jugend, vor dem 10. Lebensjahr, zu blühen und Früchte zu tragen. In Mitteleuropa friert er in strengeren Wintern zurück und in kühleren Jahren reifen die Samen nicht aus. In Parks wird oft die hängende Sorte 'Pendula' kultiviert, die eine dichte, schirmähnliche Krone bildet. Das Holz des Schnurbaumes ist schwer, besitzt einen dunkelbraunen Kern und dient zur Herstellung verschiedener Geräte.

Der Schnurbaum erreicht eine Höhe von 20—25 m. Der Stamm ist im Alter von einer grauschwarzen, länglich rissigen Borke bedeckt. Die Zweige sind dunkelgrün, die Knospen in den Zweigen verborgen. Die wechselständigen Blätter (1) sind unpaarig gefiedert, 12—25 cm lang und bestehen aus 11—17 ganzrandigen, eiförmigen, 2—5 cm langen Fiederblättchen. Im Vergleich zur Robinie (siehe Seite 118) sind die Blättchen an den Enden spitzer. Die zwittrigen Blüten sind grünlich weiß und stehen in breiten Rispen. Sie erscheinen im August (2). Die Frucht ist eine grüne, fleischige, 3—7 cm lange Gliederhülse (3). Sie enthält 3—6 rötliche, nierenförmige Samen.

1
2
3

Robinie Schmetterlingsblütengewächse
Robinia pseudoacacia L. *Fabaceae*

Die Robinie stammt aus dem östlichen Teil Nordamerikas, wo sie vor allem in den Staaten Pennsylvania, Georgia, Illinois und Arkansas wächst. Am besten gedeiht sie auf nahrhaften, feuchten, genügend kalkhaltigen Böden, wächst aber auch gut auf trockenen und mageren Böden. An solchen trockeneren Standorten bildet sie ein dichtes, weitflächiges Wurzelsystem aus, das bis in eine Entfernung von 15 m vom Stamm reicht und manchmal auch 4 m tief in den Boden dringt. Das mächtige Wurzelsystem verhindert die Bodenerosion und deshalb pflanzt man das Gehölz an steilen Abhängen. Sie bereichert auch den Boden mit Stickstoff, denn an ihren Wurzeln sitzen Knöllchenbakterien, die imstande sind, Stickstoff aus der Luft zu binden. In verschiedenen Entfernungen vom Stamm bildet sie Wurzelbrut und läßt sich deshalb von Stellen, die sie einmal besetzt hat, nur schwer entfernen. Sie ist ein lichtliebendes, in der Jugend raschwüchsiges Gehölz. Nach Europa wurde sie 1601 eingeführt. In Südeuropa bildet sie heute ganze Wälder und wird auch in West- und Mitteleuropa viel gesetzt. Sie ist wegen des angenehmen Duftes ihrer Blüten, die auch den Bienen reichliche Weide bieten, beliebt. Ihr Holz ist sehr dauerhaft und besitzt ausgezeichnete technische Eigenschaften. Es dient zur Herstellung von Eisenbahnschwellen, Zaunpfählen und vielen anderen Gegenständen. Die kugelförmige Sorte 'Umbraculifera' wird oft in Alleen gepflanzt. Ziervolle purpurrote Blüten hat die Strauchart Borstige Robinie *(R. hispida)* (5), die gern in Parkanlagen kultiviert wird.

Die Robinie ist ein 20—30 m hoher Baum mit einem oft krummen Stamm, der von einer grobrissigen Borke bedeckt ist. Sie bildet eine breite, schirmförmige Krone. Die Zweige sind dunkelbraun, die verborgenen Knospen sitzen zwischen zwei in Dornen umgewandelten Nebenblättern (4). Die Blätter sind unpaarig gefiedert, 10—25 cm lang, bestehen aus 9—19 elliptischen, 2—4 cm langen, an der Spitze abgerundeten Blättchen (1). Die weißen Blüten in überhängenden, 10—25 cm langen Trauben (2) erscheinen im Juni. Die Frucht ist eine hellbraune, flache Hülse (3), die bis 12 cm lang und 1 cm breit ist. Sie enthält mehrere schwarzbraune, nierenförmige Samen.

1
2
3
4
5

Gemeiner Goldregen Schmetterlingsblütengewächse
Laburnum anagyroides MED. *Fabaceae*

Der Gemeine Goldregen wurde nach den goldgelben, hängenden Blütentrauben benannt, die den Baum zur Blütezeit über und über bedecken. In der Natur tritt er von Südfrankreich über Italien bis zur Balkanhalbinsel auf. Als Kulturpflanze hat er sich über ganz Mitteleuropa bis nach Südschweden und -norwegen verbreitet. Gewöhnlich bildet er einen mehrstämmigen kleinen Baum, dessen Stämme von einer glatten, graugrünen Rinde bedeckt sind. Die austreibenden Blätter sind unterseits silbrig flaumig, die Blüten erscheinen im Mai. Die Art bildet einen Bestandteil der wärmeliebenden Wälder, wo sie zusammen mit der Hopfenbuche *(Ostrya)* und der Manna-Esche *(Fraxinus ornus)* vorkommt. Ihre Bodenansprüche sind gering. Besonders gut wächst sie auf einer Unterlage aus Kalkstein. Höher ins Gebirge, in Lagen um 1500 m ü.M. steigt die nahe verwandte Art, der Alpen-Goldregen *(Laburnum alpinum)* auf, der einen niedrigeren Wuchs, unbehaarte Blätter und kürzere Blütentrauben aufweist. Alle Teile beider Goldregenarten — Blätter, Früchte, Rinde und Holz — sind für den Menschen giftig, weil sie das Alkaloid Cytisin enthalten. Die Goldregenarten werden als Ziergehölze in Parks und Gärten gepflanzt.

Der Gemeine Goldregen ist ein rutenförmiger Strauch oder Baum, der 8 m hoch wird. Er hat graugrüne, silbrig-haarige Triebe mit wechselständigen Knospen (4). Die Blätter sind dreizählig (1), aus drei länglich elliptischen, ganzrandigen, 3—8 cm langen und 2 cm breiten Blättchen zusammengesetzt. An den Enden sind die Blätter zugespitzt, unterseits silbrig behaart. Die goldgelben Schmetterlingsblüten messen ungefähr 2 cm und stehen zu je 10—30 in einer hängenden Traube (2). Die Fahne (das größte Blatt in der Blüte der Schmetterlingsblütengewächse) ist unterseits rotbraun gestreift. Die Früchte sind in einer lockeren, hängenden Traube angeordnete Hülsen (3). Die Hülse ist 5—7 cm lang, 0,5 cm breit, schwach sichelförmig gekrümmt. Sie enthält 2—6 nierenförmige, schwarzbraune Samen.

1
2
3
4

Essigbaum
Rhus typhina L.

Sumachgewächse
Anacardiaceae

Lacksumach
Toxicodendron verniciflua (STOKES) BARKL.

Der Essigbaum ist ein kleiner Baum oder Strauch mit einer breiten, schirmförmigen Krone. Er stammt aus dem östlichen Teil Nordamerikas, von Georgia und Indiana bis nach Kanada im Norden. Er wächst auf steinigen und trockenen Hängen an Waldrändern, besonders auf Kalkböden. Er ist ein lichtliebendes Gehölz mit bescheidenen Ansprüchen an Bodenfruchtbarkeit und -feuchtigkeit. Nach Europa wurde er schon 1624 eingeführt und ist wegen der scharlachroten Farbe seiner Blätter im Herbst und seiner reizvollen Früchte als Parkgehölz sehr beliebt. Seine rotbraunen filzigen Triebe sind einem bastigen Hirschgeweih ähnlich und deshalb wird er im Volksmund auch Hirschkolben-Sumach genannt. Manchenorts wird der Essigbaum in Plantagen gezogen, weil seine Blätter 13 bis 25 % Gerbstoffe enthalten, die z.B. in der Gerberei, Färberei und in der kosmetischen Industrie Verwendung finden. Er bildet reiche Wurzelbrut und eignet sich als bodenpflegliches Schutzgehölz, das auf trockenen, steinigen Hängen angepflanzt wird.

Aus Südchina stammt der Lacksumach *(Toxicodendron verniciflua)*. Dieses raschwüchsige, lichtbedürftige Gehölz mit starken, kahlen Trieben verlangt feuchtere und bessere Böden. Er wurde lange in Japan kultiviert, nach Europa gelangte er erst 1874. Er ist frostempfindlich und wird durch Temperaturen unter −20 °C beschädigt. Aus der angeschnittenen Rinde oder aus abgehackten Zweigen wird eine Flüssigkeit gewonnen, die ausgezeichneten Lack liefert, der auch unter Wasser haltbar ist. In Parks wird der Lacksumach selten gepflanzt, weil der ganze Baum samt Blättern und Früchten beim Berühren giftig ist.

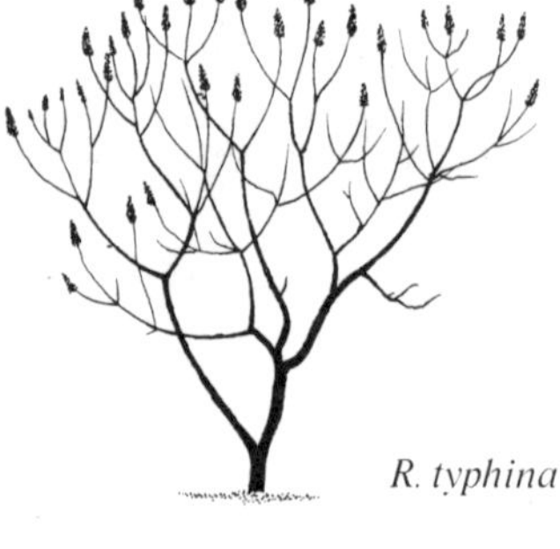

R. typhina

Der Essigbaum erreicht eine Höhe von 4–8 m. Die Triebe (4) sind dicht rotbraun filzig, die Blätter (1) unpaarig gefiedert, 20–40 cm lang. Sie sind aus 11–31 lanzettlichen, grob gesägten, 6–12 cm langen Fiederblättchen zusammengesetzt (3). Die zweihäusigen Blüten stehen in dichten, aufrechten Rispen und erscheinen im Mai. Die rotfilzigen Nüßchen in kolbenförmigen Rispen (2) bleiben bis zum Winter am Baum.

Der Lacksumach ist ein 10–15 m hoher Baum. Die unpaarig gefiederten Blät-

ter sind 25—60 cm lang, aus 7—15 ganzrandigen Fiederblättchen zusammengesetzt (5). Die Früchte sind wachsgelbe Steinfrüchte von 8 mm Durchmesser, die in Rispen vereint sind.

Gemeine Stechpalme
Ilex aquifolium L.

Stechpalmengewächse
Aquifoliaceae

Die Gemeine Stechpalme ist ein europäisches Gehölz. Sie wächst in West- und Südeuropa. Im Norden reicht sie in Norwegen bis zum 63° n.B. und im Osten bis nach Transkaukasien und dem Iran. Sie ist ein immergrüner Baum, der bis 20 m hoch wird. Oft bildet sie das Unterholz in Buchenwäldern und in Laub- und Nadelmischwäldern. In den Alpen gelangt sie bis in eine Höhe von 1200 m ü.M. Sie ist langsamwüchsig, erreicht aber ein Alter von 200 bis 250 Jahren. Sie verträgt starke Beschattung gut und eignet sich daher für beschattete Stellen in Parks oder Gärten. Sie erfordert frischen Boden mit einem höheren Kalkgehalt. Meistens ist sie zweihäusig, so daß sie nur dann Früchte bildet, wenn Bäume beider Geschlechter nahe beieinander wachsen. Die Zweige mit den roten Früchten sind in Großbritannien ein Weihnachtssymbol. Die Gemeine Stechpalme wurde auch in mitteleuropäische Parks eingeführt. In strengeren Wintern (unter −20 °C) erleidet sie aber Frostschäden. Da sie aber reichen Stammausschlag bildet (d.h. Sprosse, die sich aus schlafenden Augen entwickeln), erholt sie sich verhältnismäßig gut. Sie verträgt auch Stutzen und Formschnitt und wird deshalb auch für immergrüne Zäune verwendet. Ihr Samen keimt erst im zweiten Jahr. Es wurden viele Zierformen und Sorten gezüchtet, die entweder fast ganzrandige oder umgekehrt grob gezähnte, weiß oder gelb gefleckte Blätter und säulenförmige oder überhängende Kronen aufweisen.

Die Gemeine Stechpalme erreicht in Mitteleuropa eine Höhe von nur 5–8 m. Sie hat eine dichte, kegelförmige Krone. Der Stamm ist von einer bräunlichen, gefurchten Borke bedeckt. Die Blätter sind wechselständig, eiförmig, 3–8 cm lang, lederartig. Der Rand ist spitz gezähnt (1). Die zweihäusigen oder polygamen Blüten wachsen in Bündeln in der Blattachse. Sie sind weiß, duftend und vierzählig (2) und erscheinen im Mai oder Juni. Die roten kugeligen Steinfrüchte haben einen Durchmesser von 8 mm und sind kurzgestielt (3). Sie enthalten 2–4 hellbraune, längliche Kerne, Die Reife erfolgt im Oktober. Um zu keimen, müssen die Kerne stratifiziert werden.

1
3
2

Schmalblättrige Ölweide
Elaeagnus angustifolia L.

Ölweidengewächse
Elaeagnaceae

Sanddorn
Hippophaë rhamnoides L.

Die Ölweide ist ein laubabwerfender, 5 bis 10 m hoher Baum. Sie kommt auf dem Balkan und im europäischen Teil der UdSSR vor und dringt bis nach Sibirien, dem Iran und Kleinasien vor. Sie wächst hauptsächlich in Flußtälern auf leichten Böden. Man findet sie auch auf trockenen Hängen, wo sie aber nicht so gut wächst. Sie besitzt ein tiefreichendes Wurzelsystem und bildet noch zusätzliche, sproßbürtige Wurzeln. Sie ist lichtliebend und verträgt Formschnitt gut. Die Blüten duften und führen Honig. Das Gehölz verträgt Frost bis −25 °C und ist auch sehr abgasfest. Es ist daher für Parks in Industriegebieten geeignet. Es wird auch für dornige lebende Zäune oder zur Festigung von Sandböden verwendet. Die Ölweide erreicht ein Alter von 60 bis 80 Jahren.

Der Sanddorn *(Hippophaë rhamnoides)* ist ein 7 bis 8 m hoher Baum mit dornigen Zweigen. Er ist in West- und Südeuropa verbreitet. Der Ostseeküste entlang dringt er nach Osten vor und gelangt über den europäischen Teil der UdSSR bis nach Asien. Er tritt auch auf leichten Sandböden und Schotterablagerungen entlang von Bächen auf. Er verlangt einen sonnigen Standort, ist aber nicht anspruchsvoll in Bezug auf Bodengüte und -feuchtigkeit. Wegen seines weitreichenden Wurzelsystems wird er zur Festigung von Dünen und Hängen verwendet. Die reizvollen orangefarbenen Früchte bleiben lange bis in den Frühling am Baum. Sie haben einen hohen Vitamin C-Gehalt und man bereitet aus ihnen ein erfrischendes Getränk.

Die Ölweide ist ein niedriger Baum mit dornigen Zweigen (4). Der krumme Stamm ist von einer braunen, bandförmig abschilfernden Borke bedeckt. Die wechselständigen lanzettlichen Blätter sind 4−8 cm lang, ganzrandig, oberseits graugrün, unterseits silbrig filzig (1). Die trompetenförmigen gelben Blüten mit einem Durchmesser von etwa 1 cm entwickeln sich in den Blattachseln (2). Sie erscheinen im Mai bis Juni. Die Frucht ist eine 15 mm lange Steinfrucht (3) mit einer silbrigen Oberfläche. Sie enthält einen spindelförmigen Kern.

Der Sanddorn (5) ist ein dorniger Strauch mit einer kugeligen Krone. Die Blätter sind schmal lanzettlich, 4−7 cm lang, unterseits silberweiß-filzig. Die unscheinbaren zwittrigen Blüten erscheinen im April. Die Frucht ist eine eiförmige, orangefarbene, 8 mm lange Steinfrucht mit einem dunkelbraunen Kern.

E. angustifolia

1
2
3
4
5

Französische Tamariske Tamariskengewächse
Tamarix gallica L. *Tamaricaceae*

Die Französische Tamariske ist ein laubabwerfender Strauch oder kleiner Baum mit einem krummen Stamm und bogenförmig ausgebreiteten Ästen. Natürlich ist sie von Südfrankreich über das Mittelmeergebiet bis nach Kleinasien verbreitet. In Großbritannien wächst sie in der Küstenzone von Südwestengland, aber hierher wurde sie vor ungefähr 300 Jahren eingeführt. Sie ist sehr widerstandsfähig gegen Trockenheit, die Wurzeln dringen 3 bis 5 m in den Boden ein und saugen Wasser aus den unteren Schichten. Auch die Ansprüche an Bodenfruchtbarkeit sind gering. Sie gedeiht auch auf Sand- und Salzböden und verträgt Meersalz. Deshalb wird sie als Meliorationsgehölz an Meeresküsten angepflanzt, wo sie den beweglichen Boden festigt. Sie ist sehr lichtbedürftig und verträgt keine Beschattung durch andere Gehölze. Sie ist auch abgasfest und eignet sich daher für Gärten und Parks in Industriegebieten. Da sie aber nicht ganz frostfest ist, erleidet sie in Mitteleuropa und in der Ukraine in strengen Wintern erhebliche Frostschäden. In warmen Gebieten wird sie auch als Heckenzäune verwendet. Die Vermehrung erfolgt durch Samen oder Winterstecklinge.

Etwas frostfester sind die Frühlings-Tamariske *(T. tetrandra),* die ebenfalls in Südeuropa wächst, aber schon im Mai blüht, oder die Sommer-Tamariske *(T. pentandra),* die aus Südeuropa und Asien stammt.

Die Französische Tamariske wird höchstens 7 m hoch. Sie hat stark reduzierte, lanzettliche, nadelähnliche, etwa 2 mm lange Blätter (1). Die weißlich-rosa Blüten, die in dichten, zylinderförmigen, ungefähr 5 cm langen Trauben angeordnet sind (2), erscheinen Ende Juni oder im Juli. Ihr Durchmesser beträgt ungefähr 2 mm und sie setzen sich aus 5 Kron- und 5 Kelchblättern zusammen. Die Kronblätter fallen bald nach dem Abblühen ab. Die Früchte sind längliche Kapseln, die in zylinderförmigen Trauben angeordnet sind (3) und mehrere kleine, grannige Samen enthalten.

1
2
3

Winterlinde
Tilia cordata MILL.

Lindengewächse
Tiliaceae

Sommerlinde
Tilia platyphyllos SCOP.

In Europa wachsen die Sommer- und Winterlinde oft nebeneinander und auch ihr Bastard, die Holländische Linde *(T. × vulgaris)* tritt häufig auf. Die Linden sind stattliche Bäume mit dicken Stämmen und einer breiten, dichten Krone. In ihrer Wuchsform und den ökologischen Ansprüchen unterscheiden sie sich fast nicht voneinander. Die Sommerlinde erreicht ein höheres Alter, bis 1000 Jahre, und ihr Stamm wird 3 m dick. Sie tritt in ganz Süd- und Mitteleuropa auf, im Norden gelangt sie fast bis zur Ostsee, im Osten zum Don in der Ukraine und reicht auch nach Kleinasien. Die Winterlinde ist im Norden bis Schweden und Finnland (bis 63° n.B.) verbreitet, in der UdSSR dringt sie im Osten bis zum Ural vor. In Europa wächst die Winterlinde in niedrigen Lagen, in Auen- und Eichenwäldern, während die Sommerlinde an feuchten, kühleren Standorten häufiger ist. Beide Arten steigen bis 800 m ü.M. auf, in den Alpen und auf der Balkanhalbinsel sogar bis 1300 m. Besonders häufig treten sie auf Geröllböden und steilen, felsigen Hängen auf. Das abgefallene Laub übt einen günstigen Einfluß auf den Boden aus und deshalb wird die Linde als Meliorationsgehölz betrachtet. Sie wird viel in Alleen oder als schattenspendendes Einzelgehölz gepflanzt. Da die Linden Beschneiden und Stutzen gut vertragen, finden sie auch oft als hohe Hecken in Parks Verwendung. Abgase vertragen sie schlecht, in Industriegebieten müssen sie durch andere Lindenarten ersetzt werden.

T. cordata

Die Linden werden mehr als 30 m hoch. Die Knospen beider Arten sind von zwei sichtbaren Schuppen (6) bedeckt. Die Winterlinde hat rundlich-herzförmige, 5—8 cm lange, am Rande gesägte Blätter (1). Unterseits sind sie blaugrün mit rostfarbenen Haarbüscheln in den Achseln der Blattnerven. Die Sommerlinde hat größere, 6—10 cm lange Blätter, die unterseits grün und mit weißlichen Haarbüscheln in den Nervenachseln versehen sind. Die Nerven 3. Ordnung sind gut sichtbar (2). Bei der Winterlinde findet man 5—7 Blüten in einer Trugdolde (3), bei der Sommerlinde nur 2—5. Die Früchte der Winterlinde sind kugelige Nüßchen (4) mit einem Durchmesser von 4—6 mm und einer dünnen Schale, die

der Sommerlinde sind kugelige bis längliche, 8 mm lange, kantige harte Nüßchen (5). Der Fruchtstand ist bei beiden Arten mit einem als Flugvorrichtung dienenden Tragblatt versehen.

In Südosteuropa wächst die mit der Winter- und Sommerlinde nahe verwandte Silberlinde. Das Zentrum ihres natürlichen Verbreitungsgebietes liegt auf der Balkanhalbinsel, die Nordgrenze verläuft von Kroatien in Jugoslawien über den Plattensee zur Donaumündung. Im Süden dringt sie inselförmig nach Griechenland, Bulgarien und Kleinasien vor. Die im südlichen Teil des Areals wachsenden Bäume werden von manchen Botanikern als selbständige Art, die Trauerlinde *(Tilia petiolaris)* abgetrennt. Sie unterscheidet sich durch einen längeren Blattstiel und eine schwach kantige Frucht. Die Silberlinde bildet einen Bestandteil der hainbuchen- und kastanienreichen Eichenwälder und tritt am häufigsten auf trockenem Hügelgelände auf. Zusammen mit der Manna-Esche *(Fraxinus ornus)* bildet sie auch eine Komponente der Karstwälder. Im Westen und Süden steigt sie in den unteren Gürtel der Buchenwälder in eine Höhe von 1200 m ü.M. auf. In andere europäische Länder wurde sie 1767 eingeführt und heute gedeiht sie auch in den nördlichen Gebieten der BRD, DDR und in Großbritannien. Sie ist ein stattlicher Baum mit einer eiförmigen, im Alter runden Krone. In ihrer Heimat verträgt sie Beschattung, aber in nördlichen Gebieten verlangt sie mehr Licht als die Winter- und Sommerlinde. Wegen der silbrigen Unterseite der Blätter, der stark duftenden Blüten und der Form ihrer Krone ist sie ein beliebtes Ziergehölz, das oft in Parks gepflanzt wird. Da sie widerstandsfähiger gegen Trockenheit und Abgase ist, eignet sie sich als Alleebaum in Industriegebieten. Ihre Blüten sind honigführend.

Die Silberlinde erreicht eine Höhe von 25—30 m. Die dunkelgraue Rinde am Stamm bleibt lange Zeit glatt, die Zweige sind grau-filzig. Die Blätter sind rundlich-herzförmig, oft asymmetrisch, 6—11 cm lang mit einem 4—5 cm langen Blattstiel (bei der Trauerlinde bis 10 cm lang). Oberseits sind die Blätter dunkelgrün, unterseits silbrig-filzig, am Rand doppelt gesägt (1). Die Blüten sind zu je 6—10 in Trugdolden angeordnet (2) und erscheinen Mitte Juli. Die Frucht ist ein kugeliges, hartes Nüßchen (3) mit einem Durchmesser von 6—8 mm; sie ist grau-filzig mit schwach angedeuteten Kanten.

3
1
2

Götterbaum Bittereschengewächse
Ailanthus altissima (MILL.) SWINGLE *Simaroubaceae*

Der Götterbaum wird bis 25 m hoch und besitzt eine höher angesetzte, breit eiförmige Krone. Er hat stark gebogene Zweige und Triebe mit großen Blattnarben nach dem Abfall der Blätter (5). Natürlich wächst er in China in den Provinzen Ganzu, Sichuan, Shenxi, Hupeh und Shandong. Er ist ein raschwüchsiges Gehölz mit großem Lichtbedarf. Mit 5 Jahren erreicht er eine Höhe von 4 m, ist aber verhältnismäßig kurzlebig, er wird 80 bis 100 Jahre alt. Seine Bodenansprüche sind bescheiden. Er besetzt trockene, steinige Böden, Sandböden und verträgt auch Salzböden. Sein Wurzelsystem ist oberflächlich, aber nicht einmal starker Wind vermag ihn zu entwurzeln. Aus dem Wurzelsystem wächst Wurzelbrut hervor, was oft sehr unangenehm ist. Nach Europa wurde der Götterbaum 1751 eingeführt. Heute wird er in den west- und mitteleuropäischen Städten, in Großbritannien und auch in Amerika viel gepflanzt. In Mitteleuropa gedeiht er nur in warmen, geschützen Gebieten, denn er wird durch Fröste unter −22 °C stark beschädigt. Er verträgt rauchige Luft gut und bewährt sich daher in Alleen und Parks von Industriestädten. Seine großen Blätter und die Büschel der rötlichen Früchte im Herbst sind sehr zierend. Der Baum verjüngt sich leicht auf natürliche Weise, seine Samen keimen auf unfruchtbaren Böden, besonders auf Ödflächen, Steinhalden und Müllplätzen. In China wurden früher auf seinen Blättern die Raupen des Seidenspinners *(Philosamia cynthia)* gezüchtet.

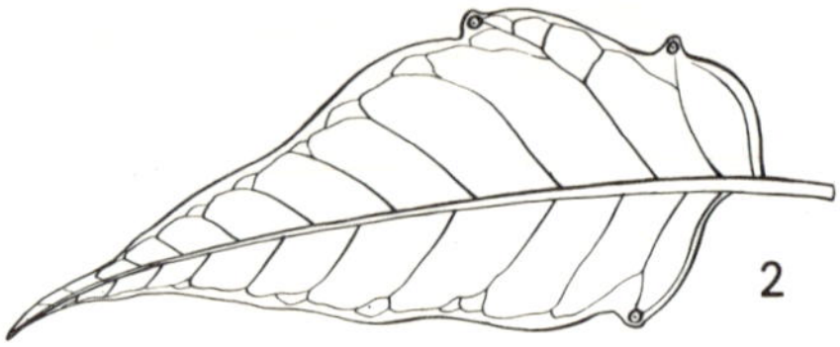

2

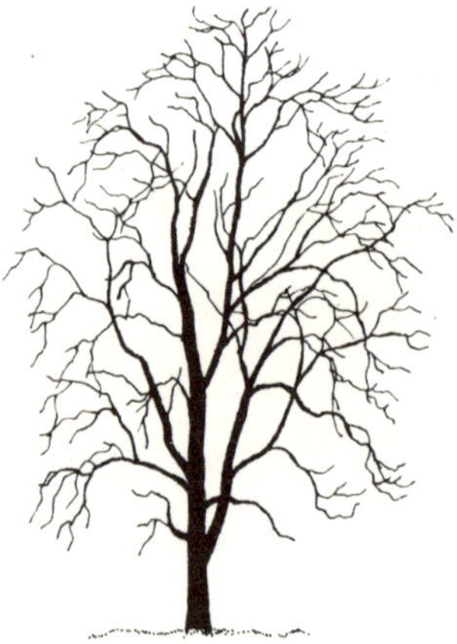

Der Götterbaum erreicht in Europa eine Höhe von 20—25 m. Die Stammrinde ist glatt, grauschwarz. Die Blätter sind unpaarig gefiedert, 40—60 cm lang, aus 13—25 und 6—12 cm langen Blättchen zusammengesetzt (1). Auf der Unterseite der Blättchen befinden sich am Blattgrund 2—4 Lappen mit runden Drüsen (2). Die kleinen, unscheinbaren grünlichgelben Blüten sind in reichen Rispen zusammengedrängt (3). Männliche und weibliche Blüten wachsen in der Regel auf verschiedenen Bäumen. Sie erscheinen im Juni bis Juli. Die mit einem propellerförmigen Flügel ausgestatteten gel-

1

4

5

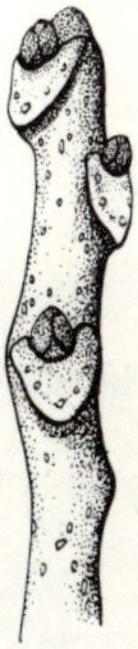

3

ben Flügelfrüchte (4) sind 5–6 cm lang mit einem runden Samen in der Mitte. Sie reifen im Oktober.

Bergahorn Ahorngewächse
Acer pseudoplatanus L. *Aceraceae*

Der Bergahorn ist der stattlichste aller Ahornarten. Er ist in Mittel- und Südeuropa beheimatet. Die Nordgrenze seiner natürlichen Verbreitung erstreckt sich von den Pyrenäen über das französische Mittelgebirge (Massif Central) und den Harz bis in die Ukraine und zum Bug. Im Süden reicht er nach Süditalien, Bulgarien und Kleinasien. Nach Großbritannien wurde er im 15. Jahrhundert eingeführt und heute findet man ihn dort in den meisten Gebieten. Er wächst hauptsächlich im Gürtel der Buchenwälder und im unteren Teil der Gebirgsfichtenwälder. In den Alpen steigt er bis in eine Höhe von 2000 ü.M. auf, in den Karpaten erreicht er 1500 m. Er bildet keine Reinbestände, sondern tritt in Gruppen in feuchteren Schluchten entlang von Bächen, auf steinigem Geröllboden und felsigen Hängen auf. Außer der Buche und der Fichte wird er oft von der Esche, Ulme, Linde und Hainbuche begleitet. Er ist ein Gehölz des maritimen Klimas. An der Nordgrenze seiner Verbreitung wird er in strengen Wintern durch Frost beschädigt. Er verlangt eine höhere Luftfeuchtigkeit und mittelfeuchten Boden. An trockenen Stellen gedeiht er schlecht. Bei einem halbschattigen Standort erreicht er ein Alter von 300 bis 400 Jahren. Der Bergahorn ist ein wichtiges Waldgehölz. Er liefert hartes, helles Holz ohne deutlichen Kern, das wertvollste Holz aller europäischen Ahornarten. Vor allem werden Bäume mit beuligen Stämmen, der sogenannte Vogelaugenahorn, geschätzt, aus deren Holz Musikinstrumente und verschiedene Ziergegenstände hergestellt werden. In Parks sind die farbigen Sorten beliebt, z.B. 'Purpureum' mit unterseits violett-purpurroten Blättern, 'Leopoldi' mit gelb gesprenkelten Blättern oder 'Worlei' mit Blättern, die bis zur Hälfte des Sommers goldgelb gefärbt sind.

Der Bergahorn ist ein 30—40 m hoher Baum mit über 1 m dickem Stamm. In freiem Gelände bildet er eine weit ausladende Krone. Der Stamm ist lange Zeit von einer glatten, grauen Rinde bedeckt, im Alter von einer schuppenförmig abschilfernden Borke. Die gegenständigen Knospen (4) stehen schief von den Zweigen ab. Die Blätter sind handförmig fünflappig, 10—18 cm lang, am Rand grob gesägt (1). Die grünlichen Blüten in überhängenden Trauben (2) erscheinen Anfang Mai, ungefähr 14 Tage nach denen des Spitzahorns (siehe Seite 138). Die kugelförmigen Flügelfruchtpaare sind mit zungenförmigen Flügeln ausgestattet, die einen spitzen Winkel bilden (3).

1
2
3
4

Spitzahorn Ahorngewächse
Acer platanoides L. *Aceraceae*

Der Spitzahorn erreicht eine Höhe von 25 bis 30 m. Er ist über einen großen Teil Europas natürlich verbreitet. Im Norden, in Norwegen und Schweden, dringt er bis zum 64° n.B. vor, im Osten bis zum Ural. Nach Großbritannien wurde er am Ende des 17. Jahrhunderts eingeführt. Er wächst in niedrigen Lagen und im Vorgebirge in Laubmischwäldern, sowohl in eichenreichen Auenwäldern als auch in feuchteren Buchenwaldtypen. In Mitteleuropa gelangt er bis in eine Höhe von 500 bis 700 m, in den Alpen auch über 1000 m ü.M. Er verlangt Halbschatten und fruchtbaren, feuchten Boden. In der Jugend wächst er ziemlich rasch. Sein Stamm kann 1 m dick werden und er erreicht ein Alter von 200 Jahren. Er verträgt auch niedrigere Temperaturen gut und ist in Europa vollkommen frostfest. Er paßt sich besser an verschiedene Standorte an als der Bergahorn und findet deshalb auch in Alleen und in Parks Verwendung. Gegen Abgase ist er ziemlich widerstandsfähig und hat wenig Schädlinge. In Parkanlagen werden auch Sorten mit farbigen Blättern gepflanzt, z.B. 'Schwedleri' mit beim Austreiben roten Blättern, 'Crimson King' mit dunkelrotem Laub oder 'Drummondii' mit cremefarben gerandeten Blättern. An Stadtstraßen wird die Sorte 'Globosa' mit einer niedrigen, kugelförmigen Krone häufig gepflanzt. Der Spitzahorn ist auch ein wichtiger Waldbaum, trotzdem sein Holz gröber faserig und weniger geschätzt ist als das des Bergahorns.

Der Spitzahorn ist ein mächtiger Baum mit einem geraden Stamm, der von einer längsrissigen, schwärzlichen Borke bedeckt ist. Die purpurroten Knospen sind an den Zweig angedrückt (4). Die Blätter sind handförmig gelappt, 10–15 cm lang, mit 5–7 spitz auslaufenden Lappen (1). Die Spreite ist beiderseits grün. Beim Abreißen eines Blattes fließt weißlicher Milchsaft aus der Stielbasis. Die grünlich gelben, in aufrechten Rispen stehenden Blüten (2) erscheinen vor dem Laubaustrieb Ende April. Bis zum Herbst entwickeln sich aus ihnen flache Flügelfruchtpaare, die in einem stumpfen breiten Winkel zueinander stehen (3).

2
1
4
3

Feldahorn
Acer campestre L.

Ahorngewächse
Aceraceae

Der Feldahorn wächst in ganz Europa mit Ausnahme von Skandinavien natürlich. Im südlichen Teil der UdSSR dringt er bis zur Wolga und zum Ural vor. Er ist ein wärmeliebendes Gehölz, das in Mitteleuropa daher nur in wärmeren Gebieten bis zu einer Höhe von 500 m ü.M. auftritt. Er wächst an zwei, in Bezug auf die Bodenfeuchtigkeit unterschiedlichen Standorttypen. In den Auenwäldern der Niederungen wird er 20 m hoch. Häufiger kommt er aber auf warmen, trockenen Hängen als kleiner Baum oder Strauch vor. An trockenen Standorten erscheinen an den jungen Zweigen charakteristische Korkleisten. Eine mittelstarke Beschattung verträgt er gut und bildet meistens die zweite Schicht in wärmeliebenden Eichenwäldern. In strengeren Wintern frieren die Endtriebe zurück. Der Feldahorn ist langsamwüchsig und wird 150 Jahre alt. Sein Wurzelsystem ist weitläufig und er weist reichen Stockausschlag auf. Er wird deshalb in Parkanlagen oft für höhere, geschnittene Hecken oder Zäune oder zur Bildung einer geschlossenen Unterschicht verwendet. Im Herbst wirken seine gelb gefärbten Blätter sehr zierend. Da sein Stamm ein geringes Ausmaß besitzt, ist seine wirtschaftliche Bedeutung nicht groß. Sein Holz dient nur zur Fertigung kleiner gedrechselter Gegenstände. Die Art wird auch als Meliorationsgehölz zum Aufforsten trockener Hänge und Karstgelände verwendet.

4

Der Feldahorn wird meistens 10—18 m hoch, oft mit einem gekrümmten Stamm und einer dichten, kugelförmigen Krone. Der Stamm ist von einer schwarzgrauen, rissigen Borke bedeckt. Die kleinen Knospen sind gegenständig (4). Die Blätter sind handförmig fünflappig, 6—9 cm lang, die Lappen stumpf spitzig bis abgerundet (1). Die gelbgrünen Blüten in lockeren Rispen (2) erscheinen Anfang Mai nach dem Laubaustrieb. Die Früchte sind flache Flügelfruchtpaare. Ihre gelblichen Flügel stehen fast waagerecht und im Unterschied zu anderen Ahornarten verschmälern sie sich in der Nähe der Frucht nicht (3).

1
2
3

Der Silberahorn ist im östlichen Teil Nordamerikas südlich von den Großen Seen beheimatet. Im Flußgebiet des Sankt-Lorenz-Stromes und des Saint John-Flusses reicht er im Norden bis in die kanadischen Provinzen New Brunswick und Quebec. Er wächst vor allem in Flußtälern auf leichten, feuchteren, humosen Böden zusammen mit anderen Ahornarten, Eichen und Eschen. Er ist ein raschwüchsiges Gehölz mit einem dichten und mächtig ausgebildeten Wurzelsystem. Der Stamm wird 1 m dick, aber der Baum erreicht nur ein Alter von 100 bis 150 Jahren. Er verträgt eine mittelstarke Beschattung gut. Die Äste sind ziemlich spröde und werden von Schnee und Wind leicht gebrochen, was das Eindringen von Bakterien, Schimmelpilzen und anderen Krankheitserregern ermöglicht. Der Silberahorn ist sehr frostfest und verträgt Temperaturen bis —30 °C. Nach Europa wurde er 1725 eingeführt und heute wird er hier häufig in Parks und Alleen gepflanzt. Von unseren Ahornarten unterscheidet er sich dadurch, daß er sehr zeitig blüht. Die reifen Früchte fallen schon im Mai und Juni vom Baum ab und keimen sofort. Seinen Reiz verdankt er der grausilbigen Borke, der silbrigen Unterseite der Blätter und ihrer gelben Farbe im Herbst. Zu seiner Beliebtheit in Parks trägt auch seine Festigkeit gegen Abgase bei. Das Holz ist verhältnismäßig weich und wenig geschätzt.

Der Silberahorn ist ein 20—30 m hoher Baum mit einem kurzen Stamm und einer weit ausladenden Krone. Die Borke blättert in Längsstreifen ab, die Jahrestriebe sind hellbraun und glänzend. Die Blätter sind handförmig, fünflappig, 7—10 cm lang, scharf gesägt, mit tief eingeschnittenen Lappen (1). Noch tiefer gespaltene Lappen weist die Sorte 'Wieri' auf, die häufig in europäischen Parks vorkommt. Die Blätter sind oberseits grün, unterseits silbrig grau (2). Die unscheinbaren grüngelben Blüten (3) erscheinen in büschelförmigen Blütenständen bereits Anfang März. Die Früchte sind 4—7 cm lange Flügelfruchtpaare. Die Flügel stehen in einem stumpfen Winkel zueinander. Die zweite Flügelfrucht ist oft verkümmert (4).

1
4
2
3

Wie schon sein Name sagt, weist der Eschenahorn nicht die typischen handförmigen Ahornblätter auf, sondern seine Blätter sind unpaarig gefiedert, ähnlich wie die der Esche. Auch er ist ein nordamerikanisches Gehölz, das im östlichen Teil Nordamerikas von Florida bis nach Kanada verbreitet ist. Er tritt hier vor allem in den Stromgebieten des Mississippi und Ohio auf. Am meisten sagt ihm tiefer, feuchter Boden in Flußtälern zu, er ist aber ein aggressives Gehölz, das auch auf trockene Hänge vordringt. Nur Kalkböden verträgt er schlecht. In der Jugend wächst er sehr rasch, wird aber nur 10 bis 15 m hoch und 80 Jahre alt. Er verlangt hellere Standorte. Er ist sehr frostfest und verträgt Temperaturen von −30 °C. Er hat ein flaches Wurzelsystem und ist deshalb gegen den Ansturm von Winden wenig widerstandsfähig. Nach Europa wurde er bereits 1688 eingeführt. Heute ist er als Ziergehölz über fast ganz Europa verbreitet und verjüngt sich dort auch auf natürliche Weise. Wegen seiner Raschwüchsigkeit in der Jugend wird er in Parkanlagen als Füllgehölz verwendet. Als solitäres Ziergehölz bewähren sich die buntgefärbten Sorten, z.B. 'Odessanum' mit goldgelben Blättern, 'Variegatum' mit weiß umrandeten Blättern und 'Aureovariegatum', gelb umrändert. Verschmutzte Stadtluft verträgt der Eschenahorn gut. Sein Holz ist von geringer Qualität und deshalb wird er im Wald nur zur Bildung von Dickicht als Zufluchtstätte für das Wild verwendet.

Der Eschenahorn ist ein kleinerer Baum mit einem kurzen, krummen Stamm und einer weit ausladenden Krone. Die jungen Zweige sind dunkelgrün, bläulich bereift mit halbkugelförmigen Knospen. Die Blätter sind unpaarig gefiedert, 13—25 cm lang, aus 3—5 grobgezähnten und gesägten Blättchen zusammengesetzt (1). Das endständige Blättchen ist manchmal dreilappig. Die zweihäusigen Blüten in überhängenden Trauben (2) erscheinen im April noch vor dem Laubaustrieb. Die Flügelfruchtpaare stehen in einer lockeren überhängenden Traube. Die Früchte sitzen in einem spitzen Winkel zueinander. Der Flügel ist breiter als die Frucht (3).

1
2 ♂
3

Gemeine Roßkastanie
Aesculus hippocastanum L.

Roßkastaniengewächse
Hippocastanaceae

Rotblühende Roßkastanie
Aesculus × carnea HAYNE

Die Gemeine Roßkastanie ist ein stattlicher Baum. Sie ist natürlich auf der Balkanhalbinsel, in Griechenland, Albanien und Bulgarien verbreitet und wächst in Mischwäldern mit der Griechischen Tanne, der Buche und einigen Eichenarten. Sie tritt in 500 bis 1000 m ü.M. hohen Lagen auf. Schon im 16. Jahrhundert gelangte sie als Kulturpflanze nach Mitteleuropa. Heute wird sie auch in Großbritannien und in Osteuropa bis zur Linie Danzig—Riga viel gepflanzt. Bei Frost unter −25 °C erleidet sie schwere Schäden und an den Stämmen entstehen Frostleisten. Sie treibt zeitig im Frühjahr, im April aus und im Mai ist sie mit einer Fülle weißer, aufrecht stehender Blütenstände bedeckt. In der Jugend ist sie raschwüchsig und ist als Ziergehölz für Alleen und Parks beliebt. Ihre Bodenansprüche sind hoch, sie bevorzugt halbschattige Standorte. Sie wird nur 200 Jahre alt. Ihre Früchte werden von Kindern gern zum Basteln verwendet, sie dienen aber auch als Wildfutter. Deshalb wird die Roßkastanie viel in Wildgehegen für Hirsch- und Schwarzwild kultiviert. Das Holz ihrer drehwüchsigen Stämme ist von minderer Qualität und wird meistens als Brennholz verbraucht.

Der Bastard mit der amerikanischen *A. pavia,* die Rotblühende Roßkastanie *(A. × carnea),* ist ein zierendes, rot blühendes Gehölz.

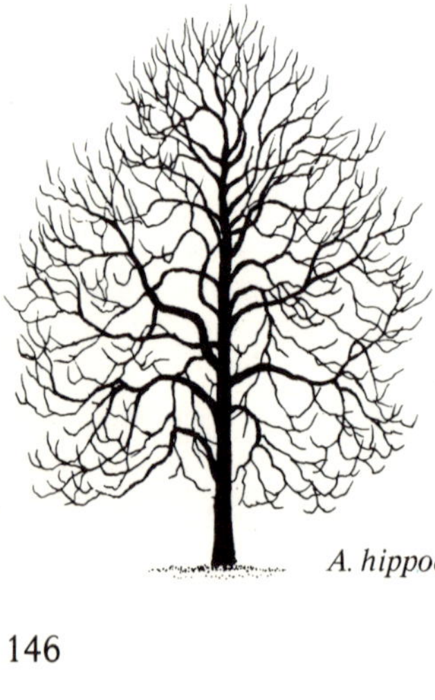

A. hippocastanum

Die Roßkastanie ist ein 20—25 m hoher Baum mit einem dicken Stamm und einer breiten Krone. Die graubraune Borke blättert in plattenförmigen Schuppen ab. Die Knospen sind groß, gegenständig, glänzend und klebrig. Unterhalb von ihnen befindet sich eine große Blattnarbe (6). Die 20—25 cm langen Blätter sind aus 7—9 länglich umgekehrt eiförmigen, am Rand grob gesägten Blättchen (1) handförmig zusammengesetzt. Die Blüten in dichten, bis 20 cm langen rispenförmigen Blütenständen (2) sind fünfzählig, weiß, mit gelben und roten Flecken. Sie entfalten sich im Mai und bis zum Herbst entwickeln sich aus ihnen grüne, stachelige Kapseln (3). Die reifen Kapseln springen auf und geben 1—3 rotbraune Samen frei, deren Durchmesser 2—3 cm beträgt (4).

Der Bastard, die Rotblühende Roßkastanie, weist aus 5 Blättchen zusammengesetzte Blätter auf. Die Blüten sind rot (5) und die grünen Kapseln haben nur spärliche Stacheln.

Echter Kreuzdorn
Rhamnus catharticus L.

Kreuzdorngewächse
Rhamnaceae

Faulbaum
Frangula alnus L.

Der Echte Kreuzdorn ist ein kleiner Baum oder Strauch, der fast über ganz Europa verbreitet ist. Im Norden, in Skandinavien, reicht er bis zum 61. Breitengrad, in der UdSSR bis zum 59. Im Süden dringt er bis nach Sizilien und Mittelspanien vor. Er ist ein Gehölz der niedrigen Lagen und steigt höchstens 700 m hoch. Er wächst vor allem auf warmen, steinigen Hängen, besonders auf einer Unterlage aus Kalkstein, tritt aber auch auf fruchtbarem Boden in den Tälern auf, wo er als Baum wächst. Stockausschlag bildet er nur in geringem Maße, aber an seinen weitläufigen, flachen Wurzeln entsteht Wurzelbrut. Er verlangt einen sonnigen Standort und erreicht ein Alter von 100 Jahren. Sein Holz ist zwar hübsch gefärbt, aber wegen der geringen Ausmaße des Stammes kommt dem Kreuzdorn keine wirtschaftliche Bedeutung zu. Die Früchte und die Rinde dienen zur Erzeugung von Heilmitteln, die Sträucher werden manchmal für dornige Heckenzäune verwendet.

Der Faulbaum *(Frangula alnus)* ist mit dem Kreuzdorn nahe verwandt. Auch er kommt in fast ganz Europa natürlich vor. Im Norden reicht er bis 65° n.B. und dringt über den Ural nach Sibirien vor. Die Südgrenze seiner Verbreitung verläuft durch die Türkei, Italien und Spanien. Er tritt an feuchten und nassen Standorten auf und bildet die Unterschicht in Erlen- und Mischwäldern. Er wächst bis in Höhen von 1000 m ü.M. In der Jugend ist er raschwüchsig und wird ungefähr 60 Jahre alt. Er verträgt Schatten und ist absolut frostfest. Man verwendet ihn in der Pharmazie. Sein Holz diente früher zur Herstellung von Schießpulver.

Der Echte Kreuzdorn erreicht eine Höhe von 8 m und bildet einen krummen Stamm mit schwärzlicher, in Schuppen abblätternder Borke. Die Zweige enden in Dornen. Die Knospen sind oft schief gegenständig. Die Blätter sind rundlich eiförmig, 3–6 cm lang mit zur Spitze verlaufender Nervatur und gekerbtem Rand (1). Die polygamen Blüten sind klein und grünlich. Die Frucht ist eine schwarze Steinfrucht (2), die 4 Kerne enthält.

Der Faulbaum ist ein Strauch oder ein bis 6 m hoher Baum. Die jungen Zweige weisen einen leicht violetten Hauch und weiße Spaltöffnungen in der Rinde auf, die Knospen sind rostfarben-filzig. Die wechselständigen Blätter sind breit elliptisch, 4–7 cm lang, ganzrandig (3). Die grünlichen fünfzähligen Blüten erscheinen von Mai bis August. Die Frucht ist eine kugelförmige Steinfrucht mit einem Durchmesser von 6 mm. Sie ist erst rot, beim Reifen wird sie schwarz (4).

R. catharticus

4
3
1
2

Weißer Maulbeerbaum Maulbeergewächse
Morus alba L. *Moraceae*

Der Weiße Maulbeerbaum ist eng mit den Raupen des Seidenspinners und der Seidenspinnerei verbunden. Er wächst in den Bergwäldern von China, Japan und Indien natürlich, wird dort aber schon lange als Kulturpflanze angebaut, weil seine Blätter der Seidenraupe als Nahrung dienen. Die Samen des Weißen Maulbeerbaums wurden zusammen mit den Eiern des Seidenspinners schon im 7. oder 8. Jahrhundert heimlich nach Europa gebracht. Vor 100 bis 300 Jahren wurde der Weiße Maulbeerbaum in einem viel größeren Ausmaß kultiviert, weil heute die Seide größtenteils künstlich hergestellt wird. Früher wurde der Weiße Maulbeerbaum wegen seiner eßbaren, süßlichen Früchte auch als Obstbaum kultiviert.

Der Weiße Maulbeerbaum ist ein wärmeliebendes Gehölz. In Europa gedeiht er am besten in Weingegenden. In kühleren Gebieten leidet er unter Frost, erholt sich aber leicht von den Schäden. Er erreicht ein Alter von mehr als 200 Jahren. Er verlangt einen helleren Standort und ist gegen Trockenheit sehr widerstandsfähig. Er bildet üppigen Stock- und Stammausschlag und findet deshalb für geschnittene Heckenzäune und hohe Hecken Verwendung. Wegen seiner breiten, dichten Krone eignet er sich auch als Solitärbaum in Parks. In Parks ist die Trauersorte 'Pendula' beliebt, ein kleinerer Baum mit einer schirmförmig überhängenden Krone.

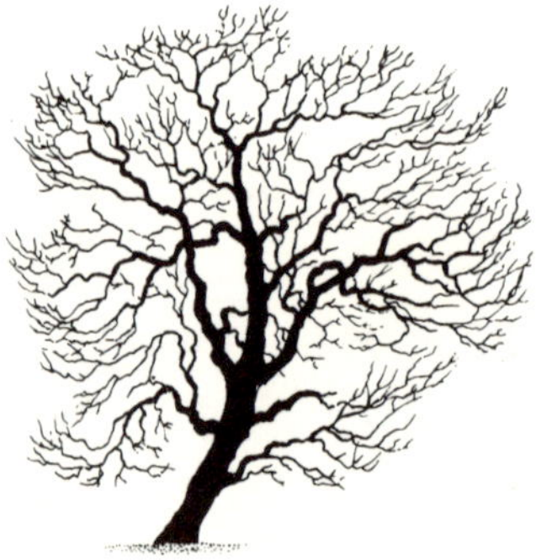

Der Weiße Maulbeerbaum ist ein 10 bis 18 m hoher Baum mit einer breiten kugelförmigen Krone. Er hat eine graue, längsrissige Borke. Die Knospen auf den deutlich hervortretenden Blattkissen sind klein (4). Die Blätter sind wechselständig, breit eiförmig, 6—16 cm lang, manchmal unregelmäßig gelappt (1). Oberseits sind sie leuchtend grün, der Rand ist grob gesägt. Die polygamen Blüten erscheinen Anfang Mai in kurzen Kätzchen (2). Der Fruchtstand ist eine Scheinbeere, 1,5 bis 2 cm lang, aus weißen, fleischigen Steinfrüchten zusammengesetzt (3). Die Früchte reifen im Juli. Die verwandte Schwarze Maulbeere *(M. nigra* L.) stammt aus dem Iran und aus Afghanistan und hat braunschwarze Früchte.

4
2
♀
♂
1
3

Feldulme Ulmengewächse

Ulmus minor MILL. emend RICHENS *Ulmaceae*

Die Feldulme ist ein verhältnismäßig wärmeliebendes Gehölz, das in Süd- und Mitteleuropa verbreitet ist. Im Norden reicht sie bis an die Ostsee, im Osten bis zur Wolga. Der Schwerpunkt ihrer Verbreitung liegt in Tälern und auf Anschwemmungen großer Flüsse, wo sie einen Bestandteil der Auenwälder bildet. Entlang von Flüssen und Bächen steigt sie in eine Höhe von 400 bis 500 m auf und wächst dort auch in Wäldern auf Steingeröll. An trockenen Standorten weist sie verkümmerten Wuchs auf. Man findet hier oft ihre Varietät *suberosa* (die Korkulme), die Korkleisten an den Ästen (4) bildet. In der Jugend verträgt die Feldulme schattige Standorte, später verlangt sie Halbschatten und stellt hohe Anforderungen an die Bodenfruchtbarkeit und -feuchtigkeit. Sie ist ein Herzwurzler und eignet sich deshalb zur Festigung von Bachufern. Sie bildet üppigen Stock- und Stammausschlag, manchmal auch Wurzelbrut. Sie liefert hartes Holz, das sich z.B. für die Möbelherstellung eignet. In den letzten Jahrzehnten wird die Ulme in Europa von einer Krankheit befallen, die Ulmensterben oder „holländische Ulmenkrankheit" genannt wird und vom Schlauchpilz *Ophiostoma ulmi* verursacht wird. Die Bäume vertrocknen vom Gipfel her und gehen im Laufe von einigen Jahren zugrunde. Widerstandsfähiger gegen diese Krankheit sind manche säulenförmige Sorten, die als Ziergehölze dienen, z.B. 'Dampieri' oder 'Wredei' mit goldgelben Blättern.

Die Feldulme erreicht eine Höhe von 20—30 m und bildet einen geraden Stamm, der von einer rissigen schwärzlichen Borke bedeckt ist. An den Zweigen kann man die spitzen Blatt- und die kugeligen Blütenknospen unterscheiden (5). Die zwittrigen Blüten (2) erscheinen vor dem Laubaustrieb Ende März. Die Blätter sind eiförmig, 5—10 cm lang mit asymmetrischem Blattgrund, oberseits glatt glänzend, mit doppelt gesägtem Rand (1). Sie weisen 9—12 Nervenpaare und einen 6—12 mm langen Stiel auf. Die Frucht ist eine flache Flügelfrucht mit einem häutigen Flügel, 1,5 cm lang, die Frucht ist zum oberen Rand des Flügels gerückt (3). Die Früchte reifen und fallen Ende Mai ab.

1
2
3
4
5

Bergulme Ulmengewächse
Ulmus glabra HUDS. *Ulmaceae*

Die Bergulme hat ein großes Verbreitungsgebiet. Sie tritt von Spanien und Sizilien bis zum 65. Breitengrad im Norden auf und reicht im Osten bis zum Ural. In Großbritannien wird sie nur in Schottland als ursprünglich betrachtet. Sie wächst vom Eichengürtel in den Niederungen bis zum Buchengürtel und gelangt bis über 1000 m hoch ins Gebirge. Sie stellt hohe Anforderungen an die Bodenfruchtbarkeit und -feuchtigkeit. Sie wächst auf Schwemmböden, die einen hohen Grundwasserspiegel aufweisen oder überschwemmt werden, aber auch auf Steingeröll am Fuß von Hängen. Sie bildet einen Bestandteil der Mischwälder und wächst einzeln oder in Gruppen zusammen mit dem Bergahorn, der Linde oder der Esche. Schatten verträgt sie sehr gut und ist in der Jugend in dieser Beziehung der Buche ähnlich. Im Alter verlangt sie Halbschatten, ähnlich wie der Ahorn. Sie besitzt ein reiches Wurzelsystem und vermag Bachufer und Schuttfelder gut zu festigen. Sie blüht zeitig im Frühjahr, gegen Ende März, die Früchte fallen beim Laubaustrieb Ende Mai ab und die Samen sind sofort keimfähig. Die Bergulme ist ein wichtiger Waldbaum. Sie liefert wertvolles Holz mit einem gelben Kern, das sich zum Schiffsbau, zur Möbelherstellung und für andere Tischlereierzeugnisse eignet. Ähnlich wie die Feldulme leidet heute leider auch die Bergulme in niedrigen Lagen bis 600 m ü.M. am Ulmensterben, das von einem Pilz verursacht wird. In der Landschaft bildet die Ulme ein ausgeprägtes architektonisches Element und wird auch in Alleen gepflanzt. In Parks findet man häufiger ihre Sorten 'Pendula' und 'Camperdownii' mit einer schirmförmigen, überhängenden Krone, oder 'Lutescens' mit gelb gefärbten Blättern.

Die Bergulme ist ein stattlicher Baum, der eine Höhe von 25—30 m erreicht. Der Stamm ist von einer oberflächlich gefurchten Borke bedeckt. An den Zweigen befinden sich kugelige Blüten- und spitze Blattknospen. Die Blätter sind umgekehrt eiförmig, asymmetrisch, 8—15 cm lang, am breitesten im oberen Drittel und an der Spitze oft dreizipfelig (1). Oberseits sind sie rauh und haben einen kurzen, 3—5 mm langen Stiel. Die rötlichen Blüten sind unscheinbar (2). Die Frucht ist eine rundliche Flügelfrucht, die in der Mitte eines häutigen, etwa 2 cm breiten Flügels sitzt (3).

1
2
3

Flatterulme
Ulmus laevis PALL.

Ulmengewächse
Ulmaceae

Die Flatterulme ist ein mittel- und südeuropäisches Gehölz. Im Norden reicht sie bis zur Ostsee, im Westen dringt sie nach Frankreich vor und im Osten über die Ukraine bis Saratow. Sie tritt in niedrigen Lagen auf, besonders in eichenreichen Auenwäldern, wo sie als bestandschließendes Gehölz für die Eiche und Esche dient. Sie wächst aber auch an trockenen Standorten. In Ungarn und in den südlichen Teilen der UdSSR dringt sie am weitesten von allen Gehölzen in die Steppe vor. Sie bildet reichen Stock- und Stammausschlag. Sie übersteht auch langfristige Überschwemmungen gut. In der Jugend verträgt sie Schatten, im Alter ist sie vorwiegend ein Baum der zweiten Schicht. Sie blüht ungefähr 14 Tage später als die Feldulme und trägt bereits vom 15. Lebensjahr an Früchte. Besonders an trockenen Stellen erreicht sie kein hohes Alter. Ihr Holz wird weniger geschätzt als das der anderen Ulmenarten. Die Flatterulme hat ein reich entwickeltes Wurzelsystem, bei alten Bäumen findet man an der Bodenoberfläche plattenförmige Wurzelansätze. Ihr einziger Vorteil gegenüber den anderen Ulmenarten besteht darin, daß sie am widerstandsfähigsten gegen das Ulmensterben ist. Sie ist vor allem ein Wald- und Meliorationsgehölz.

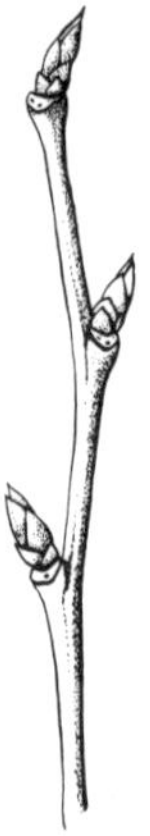

4

Die Flatterulme erreicht eine Höhe von 20—25 m. Der Stamm ist von reichlichem Stammausschlag bedeckt. Die Blattknospen sind schlank, scharf spitz (4), die Blütenknospen eiförmig. Die Blätter sind eiförmig, der Blattgrund ist stark asymmetrisch (eine Seite weist 2—3 zusätzliche Nerven auf), der Rand ist grob doppelt gesägt (1). Oberseits sind die Blätter dunkelgrün, glatt, unterseits weich flaumig mit Seitennerven in 12—30 Paaren. Im März erscheinen die unauffälligen Blüten auf überhängenden Stielen (2). Auch die Früchte hängen an 2—3 cm langen Stielen. Es sind kleine, flache, rundliche Nüßchen mit einem schmalen Flügel. Am Rand sind sie dicht bräunlich behaart (3).

2
1
3

Zürgelbaum, Nesselbaum Ulmengewächse
Celtis occidentalis L. *Ulmaceae*

Der Zürgelbaum ist ein mittelhohes Gehölz, dessen natürliches Verbreitungsgebiet sich in Nordamerika von Alabama und Texas bis New York und die kanadische Provinz Quebec im Norden erstreckt. Im südlichen Teil dieses Areals herrscht die geographische Varietät *crassifolia* vor, die einen stattlicheren Wuchs aufweist (sie wird bis 30 m hoch), größere und rauhere Blätter und einen längeren Fruchtstiel besitzt. Ähnlich wie der Feldahorn tritt auch der Zürgelbaum an zwei verschiedenen Standorten auf. Meistens wächst er einzeln in Laubmischwäldern auf Flußanschwemmungen in fruchtbaren Böden und erreicht hier einen höheren Wuchs. Außerdem erscheint er auf trokkenen, steinigen Hängen, wo er niedrig bleibt und eine breite, kugelige Krone bildet. Auf trockenen Lokalitäten erfordert er einen sonnigen Standort, auf nährstoffreicheren Böden verträgt er eine mittelstarke Beschattung. Nach Europa wurde er 1636 eingeführt. Er wird in Großbritannien, wie auch in West- und Mitteleuropa als schattenspendender Baum kultiviert. Oft findet man ihn auch in städtischen Alleen. In Mitteleuropa friert er in strengen Wintern zurück. Im Herbst hat er hellgelb gefärbte Blätter, seine Früchte werden mit Vorliebe von Vögeln geholt. In warmen Gebieten Mittel- und Westeuropas wird manchmal auch der Südliche Zürgelbaum (C. *australis*) gepflanzt, dessen Blätter unterseits dicht behaart sind. Er ist in Südeuropa und Kleinasien natürlich verbreitet.

Der Zürgelbaum erreicht in Europa eine Höhe von 10—15 m und bildet eine breite, kugelige Krone. Der Stamm ist von einer grauschwarzen abschilfernden Borke bedeckt. Die Blätter sind wechselständig, eiförmig, 5—10 cm lang, länglich zugespitzt. Der Blattgrund ist etwas asymmetrisch, vom Stiel laufen drei Hauptnerven aus (1). Die zwittrigen fünfzähligen Blüten wachsen an kurzen Stielen in den Blattachseln. Die Blüten entfalten sich Anfang Mai zugleich mit dem Laubaustrieb. Die Früchte sind schwarzbraune, runde Steinfrüchte mit einem Durchmesser von 7—10 mm. Sie haben kurze Stiele und sind oben stumpf zugespitzt (2). Sie enthalten einen gelblichen Kern, mit einem Durchmesser von 5 mm.

1
2

Silberweide
Salix alba L.

Weidengewächse
Salicaceae

Die Silberweide ist der Charakterbaum der breiten Flußtäler. Sie ist fast über ganz Europa verbreitet, im Norden reicht sie bis in den mittleren Teil Skandinaviens, im Osten dringt sie nach Sibirien bis zum Jenissei vor. Ausgedehnte Bestände bildet sie am Unterlauf von Flüssen. Sie verträgt auch langfristige Überflutung bis zu einer Höhe von 2 m oder entstehende Sandablagerungen, in denen sie zusätzliche Wurzeln bildet, sehr gut. Sie wächst vor allem in Niederungen, entlang von Wasserläufen steigt sie nur bis in eine Höhe von ungefähr 500 m ü.M. auf. Sie ist ein lichtliebendes Gehölz. Ihre Bodenansprüche sind bescheiden, sie verträgt leichte, schwerere und auch etwas saure Böden. Sie bildet üppigen Stockausschlag und vermehrt sich sowohl durch Samen als auch durch Stecklinge. An überfluteten Standorten lassen sich ihre Bestände z.B. leicht so erneuern, daß man starke Weidenzweige in den Boden steckt. Mit der Pappel bildet sie das wichtigste Gehölz der weichen Auenwälder, das sind Gehölze, die weiches Holz liefern, und auch das Auspflanzen entlang von Bächen hat wirtschaftliche Bedeutung. Als rasch wachsendes Gehölz wird die Weide zur Begrünung freier Gelände verwendet, z.B. bei Industriebetrieben. Sie wird mehr als 100 Jahre alt.
In Parks wird die sehr schöne Trauerform 'Tristis' gepflanzt, deren dünne, überhängende Ruten bis zur Erde reichen. In Europa ersetzt diese Trauerform die wärmeliebende Babylonische Trauerweide (*S. babylonica),* die aus Südwestasien stammt. Sie wird auch viel an Teichen und Flußufern gepflanzt.

Die Silberweide erreicht eine Höhe von 25—30 m und bildet einen über 1 m dicken Stamm mit einer netzförmig rissigen Borke. Die Jahrestriebe sind rutenförmig, gelbbraun. Die wechselständigen Blätter sind lanzettlich, 6—10 cm lang und nur 1—2 cm breit. Der Rand ist fein gesägt, die Unterseite silbrig-seidig behaart (1). Oben sind sie länglich zugespitzt. Die männlichen und weiblichen Blüten wachsen in Kätzchen auf verschiedenen Bäumen (2). Sie erscheinen im April und bis Ende Mai entwickeln sich aus ihnen ährenförmige, bis 9 cm lange Fruchtstände. Die Frucht ist eine Kapsel (3), die Ende Mai aufspringt und die kleinen weißlich behaarten Samen herausfliegen läßt.

1
♂
2
3
♀

Bruchweide
Salix fragilis L.

Weidengewächse
Salicaceae

Hohe Weide
Salix × *rubens* SCHRANK.

Die Bruchweide ist fast über ganz Europa verbreitet. Im Norden reicht sie bis Mittelnorwegen und -schweden, über Sibirien dringt sie bis zum Fernen Osten vor. Ähnlich wie die Silberweide tritt sie vor allem in Flußtälern auf und entlang von Bächen gelangt sie bis in eine Höhe von 700 m. Sie bildet oft krumme Stämme mit einer rutenförmigen Krone. Die Seitenzweige brechen an der Ansatzstelle leicht ab und diesem Umstand verdankt die Bruchweide ihren Namen. In der Natur, besonders in Mitteleuropa, wird sie leicht durch die Silberweide bestäubt und es entstehen Bastarde, die Hohe Weide *(S. × rubens)* genannt werden. Die Bastarde weisen veränderliche Wuchsformen und morphologische Merkmale auf, bald sind sie der einen, bald der anderen Elternpflanze ähnlich. Die Bruchweide ist ein lichtliebendes und vollständig frostfestes Gehölz. An die Bodenfruchtbarkeit und -feuchtigkeit stellt sie höhere Anforderungen als die Silberweide. Ähnlich wie die Korbweide (siehe Seite 164) liefert sie wertvolle Ruten, die zur Herstellung von Korbwaren geeignet sind.

S. fragilis

Die Bruchweide erreicht eine Höhe von 10—15 m und bildet einen verhältnismäßig niedrigen Stamm mit einer breiten Krone. Die graubraunen Zweige stehen in einem großen Winkel von den Ästen ab. Die gelbbraunen Knospen sind zylinderförmig und sitzen angedrückt an den Zweigen (4). Die lanzettlichen Blätter sind 7—14 cm lang und 2—3,5 cm breit, oberseits leuchtend grün, unterseits graugrün, der Rand ist gesägt (1). Der Blattstiel kann 2,5 cm lang werden. Die Blüten erscheinen etwas später als bei der Silberweide, Ende April, noch vor dem Laubaustrieb. Die männlichen Kätzchen haben zwei Staubblätter (2). Der ährenförmige Fruchtstand ist 2—3 cm lang, die Frucht ist eine Kapsel (3). Die Kapseln springen im Mai auf und geben die Samen frei.

Der Bastard *S.* × *rubens* weist stärker überhängende Zweige auf, die Blätter sind fein gesägt, 8—15 cm lang, unterseits erst seidig behaart, werden aber bald kahl.

1
2
3
4

Korbweide

Salix viminalis L.

Weidengewächse

Salicaceae

Schon der Artname dieser strauchförmigen Weide verrät, daß ihre Ruten zur Herstellung verschiedener Korbwaren verwendet werden. Sie ist fast über ganz Europa verbreitet. Im Norden reicht sie bis Mittelschweden und -norwegen, in der UdSSR gelangt sie bis an die Tundrengrenze und in Südeuropa fehlt sie nur in Südspanien und Italien. In Mitteleuropa wächst sie in verhältnismäßig niedrigen Lagen und reicht von den Niederungen bis in eine Höhe von 400 bis 500 m. In höheren Lagen tritt sie nicht auf. Sie bildet mit der Purpurweide *(S. purpurea)* und der Mandelweide *(S. triandra)* strauchförmige Bestände an Fluß- und Bachufern sowie auch am Rand von stehenden Gewässern. Periodische Überschwemmungen verträgt sie gut, aber an versumpften Standorten mit stehendem Wasser wächst sie nicht. Sie ist ein lichtliebendes Gehölz, bei Beschattung durch höhere Bäume geht sie zugrunde. Sie erreicht nur ein Alter von ungefähr 30 Jahren. Ihre Bodenansprüche sind gering, sie gedeiht sowohl auf Sand-Schotter- als auch auf tonhaltigen Anschwemmungen. Sie bildet reichen Stockausschlag und wird daher durch Winterstecklinge vermehrt. Aus der Korbweide wurden viele Kultursorten gezüchtet, die in Kulturen zur Gewinnung der Ruten gezogen werden. In Parks wird sie manchmal an Ufern von Wasserbassins und Wasserläufen gepflanzt. Sie eignet sich auch zur Verwendung als Meliorationsgehölz.

4

Die Korbweide ist ein rutenförmiger, 4—8 m hoher Strauch mit langen, biegsamen Zweigen. Die Rinde ist glatt, graubraun, die Knospen sind flach an die Zweige angedrückt (4). Die Blätter sind länglich lanzettlich, 12—18 cm lang und nur 5—12 mm breit. Sie sind ganzrandig oder mit gewelltem, umgeschlagenem Rand (1). Unterseits sind sie silbrig-seidig behaart. Die Blüten erscheinen im März vor dem Laubausschlag und weisen zwei Staubblätter und zwei Narben auf (2). Im Mai reifen die weiblichen Kätzchen zu ährenförmigen, 4—5 cm langen Fruchtständen, die aus Kapseln (3) bestehen. Die reifen Kapseln springen auf und legen die kleinen, mit weißem Flaum versehenen Samen frei.

1
2 ♂
3

Salweide
Salix caprea L.

Weidengewächse
Salicaceae

Grauweide
Salix cinerea L.

Im Unterschied zu anderen Weiden ist die Salweide nicht an Flußläufe gebunden, sondern erscheint in verschiedenen Waldtypen von den Niederungen bis hoch ins Gebirge in Höhen über 1000 m ü.M. Sie ist über ganz Europa bis nach Island und über den Polarkreis hinaus verbreitet. Im Osten reicht sie bis nach Japan. Als Pioniergehölz der Wälder wächst sie einzeln an Waldrändern, auf Lichtungen und in Jungwald. Sie ist ein niedriger, raschwüchsiger Baum, der ungefähr 50 Jahre alt wird. Die Förster sehen die Salweide gerne, weil sie die Hauptgehölze nicht unterdrückt, den Waldboden durch ihren Abfall verbessert, ihre Rinde und Triebe dem Wild Nahrung bieten und sie abzusterben beginnt, sobald sie von den Hauptgehölzen im Wachstum überholt wird. Im Frühjahr, zur Blütezeit, ist die Salweide ein sehr zierendes Gehölz und die Zweige der männlichen Bäume werden als erste Frühlingsboten betrachtet. Die blühende Salweide ist eine wichtige Nahrungsquelle für die Bienen. Sie ist lichtliebend, vollkommen frostfest und stellt geringe Ansprüche an die Bodenfruchtbarkeit und -feuchtigkeit.

Ähnliche, weniger breite Blätter hat die Grauweide *(S. cinerea).* Auch sie ist über ganz Europa verbreitet, im Norden bis zur Polarwaldgrenze in Lappland. Am häufigsten tritt sie in Mitteleuropa auf, wo sie hauptsächlich in Sümpfen und an langsam fließenden Bächen von den Niederungen bis in eine Höhe von 700 m ü.M. wächst. Auch sie ist ein Pionier- und Meliorationsgehölz.

Die Salweide ist ein Strauch oder Baum, der 5—12 m hoch wird. Die Rinde ist grüngrau, am Fuß des Stammes befindet sich eine längsrissige Borke. Die Zweige sind dick, mit braunen eiförmigen Knospen (4). Die Blätter sind breit eiförmig, 6—10 cm lang, unterseits graugrün-filzig, am Rand unregelmäßig gekerbt (1). Die Nebenblätter an den Blattstielen fallen bald ab. Die gelben männlichen und grünen weiblichen Blüten (2) sind 2—3 cm lang und erscheinen im März. Die Früchte (3) sind Kapseln, in einer 5 cm langen Ähre angeordnet. Sie reifen im Mai.

Die Grauweide ist 2—6 m hoch und zeichnet sich durch graufilzige Triebe aus. Die Blätter (5) sind umgekehrt eiförmig und schmäler als bei der Salweide. Unterseits sind sie graugrün filzig, am Rand undeutlich gesägt. Die Nebenblätter am Stiel sind ausdauernd.

S. caprea

1
2
♂
♀
3
4
5

Zitterpappel Weidengewächse
Populus tremula L. *Salicaceae*

Die Zitterpappel ist ein Waldbaum. Sie wächst in ganz Europa bis zur polaren Grenze und gelangt im Osten über Sibirien bis weit nach Ostasien. Am häufigsten tritt sie in Nordeuropa auf, wo sie von großer wirtschaftlicher Bedeutung ist. In Mitteleuropa wächst sie von den Niederungen bis zu einer Höhe von 1000 m ü.M., am häufigsten aber im Hügelland in eichenreichen Niederwäldern. Die Zitterpappel hat ihren Namen erhalten, weil ihre Blätter fortwährend zittern, was durch den dünnen und seitlich zusammengedrückten Blattstiel bedingt ist. Sie ist raschwüchsig, erreicht bald ihre endgültige Höhe und wird nur etwa 100 Jahre alt. Sie ist vollkommen frostfest und stellt geringe Bodenansprüche. Das Wurzelsystem ist flach, erstreckt sich aber bis in eine Entfernung von 20 m vom Stamm. Durch Wurzelbrut aus diesen Wurzeln vermehrt sich das Gehölz leicht vegetativ. Sie läßt sich auch gut aus Samen vermehren, die sofort nach dem Reifen ausgesät werden. Die Zitterpappel weist alle Eigenschaften eines Pioniergehölzes auf; der Samen ist leicht und fliegt weit, die Samenproduktion ist reichhaltig, das Gehölz ist in der Jugend raschwüchsig, lichtliebend, kurzlebig und anspruchslos. Oft besiedelt die Zitterpappel verlassene Weiden und brachliegende Felder. Sie liefert leichtes, weißes, sehr gut spaltbares Holz, aus dem unter anderem Schindeln und Zündhölzer hergestellt werden.

Die Zitterpappel ist ein 20—30 m hoher Baum mit einer lichten, hoch angesetzten Krone. Sie behält lange Zeit eine glatte, graugrüne Rinde, die am Fuß des Stammes in eine schwärzliche, rissige Borke übergeht. Die Zweige sind braun, glänzend, die Knospen braun, scharf zugespitzt. Die Blätter (1) sind eiförmig rundlich, 3—5 cm lang, am Rand grob gezähnt. Der flache Blattstiel ist 4—6 cm lang. Die Zitterpappel ist ein zweihäusiges Gehölz. Die männlichen Blüten (2) sind ungefähr 8 cm lange, rotgraue Kätzchen, die weiblichen sind graugrüne Kätzchen. Die Blüten erscheinen vor dem Laubaustrieb im März. Die Früchte sind Kapseln (3), die in einem ährenförmigen, 10 cm langen Fruchtstand angeordnet sind. Die Früchte reifen Ende Mai und entlassen die weiß behaarten Samen.

♂
2
♀
1
3

Silberpappel
Populus alba L.

Weidengewächse
Salicaceae

Ihren wissenschaftlichen Namen verdankt sie der silbrig weißen Unterseite ihrer Blätter. Sie ist ein Gehölz der Auenwälder, das in Tälern und an den Unterläufen großer Ströme wächst. Die Silberpappel ist von West-, Mittel- und Osteuropa bis weit nach Sibirien natürlich verbreitet. Im Norden reicht sie nicht bis zur Ostsee. Sie ist raschwüchsig, bildet Stämme mit einem Durchmesser von 2 m und kann ein Alter von mehr als 300 Jahren erreichen. Sie ist lichtliebend und gedeiht an fruchtbaren, feuchten Standorten. Sie verträgt etwas trockenere und sauere Böden als die Schwarzpappel (siehe Seite 172) und hält auch vorübergehenden Überschwemmungen und Sandablagerungen stand. Sie besitzt ein reich verzweigtes Wurzelsystem, das sich bis in eine Entfernung von 20 m vom Stamm erstreckt. Aus den flachen Wurzeln treibt sie oft Wurzelschosse, was besonders in Parks unangenehm ist. Wegen ihres reichen und weitläufigen Wurzelsystems wird die Silberpappel überall dort angepflanzt, wo Sanddünen befestigt werden sollen. Die Vermehrung erfolgt durch Samen oder Wurzelsteckholz ungefähr von der Dicke eines Bleistifts. Stecklinge aus Zweigen wurzeln schlecht ein. Das Holz mit einem bräunlichen Kern und weißem Splint (d.i. der helle Teil an der Peripherie) findet hauptsächlich bei der Zelluloseherstellung Verwendung. In Parkanlagen und Alleen wird oft die pyramidale Form der Silberpappel kultiviert, die aus Turkestan stammt.

Die Silberpappel ist ein majestätischer Baum. Sie erreicht eine Höhe von 30 bis 35 m und bildet eine breite, rundliche Krone und einen starken Stamm. Die graue glatte Rinde geht am Fuß des Stammes in eine schwarze, rissige Borke über. Die Jahrestriebe und Knospen sind weißlich filzig (4). Die Blätter sind handförmig fünflappig, 6—12 cm lang, unterseits weißlich filzig (1). An den unteren Zweigen sind die Blätter nur leicht gelappt. Die Blüten erscheinen im März. Die männlichen Kätzchen sind 4—7 cm lang, gelbrot, die weiblichen sind gelbgrün (2). Die Früchte reifen im Mai. Die Kapseln (3) springen auf und der kleine Samen mit einem weißlichen Haarschopf fliegt aus.

4
1
3
2
♂
♀

Schwarzpappel Weidengewächse
Populus nigra L. *Salicaceae*

Die Schwarzpappel ist ein Gehölz der breiten Flußtäler. Sie ist über einen großen Teil Europas verbreitet mit Ausnahme von Schottland, der nordischen Staaten Dänemark, Norwegen, Schweden, Finnland und der nördlichen Gebieten der UdSSR. Im Süden reicht sie bis nach Nordafrika und Kleinasien. Dieser mächtige Baum mit seiner breiten, weit ausladenden Krone und einem Stamm, dessen Durchmesser 1—2 m beträgt, ist zusammen mit den Weiden und der Erle ein Bestandteil der „Weichauen". Sie tritt häufig auf Sand- und Schotteranschwemmungen mit einem hohen Grundwasserspiegel auf. Sie verträgt auch zeitweilige Überschwemmungen und Schotter- und Sandablagerungen, in denen sie neue, zusätzliche Wurzeln bildet. Sie verlangt einen sonnigen Standort. Das Wurzelsystem ist verzweigt und reicht tief in den Boden, auch treibt sie üppigen Stockausschlag. In der Praxis wird sie durch Wintersteckholz vermehrt. In den letzten Jahrzehnten wird die Schwarzpappel in den Wirtschaftswäldern, die vor allem für die Holzproduktion bestimmt sind, durch kanadische Pappeln ersetzt. Diese sind eigentlich Bastarde, die durch Kreuzung der europäischen Schwarzpappeln mit der amerikanischen Rosenkranzpappel *(P. deltoides)* entstanden sind. Durch Züchtung ist eine Reihe von Sorten entstanden, die sich durch Raschwüchsigkeit und eine hohe Holzproduktion auszeichnen.

In Alleen und Parks wird die schmale, säulenförmige Varietät *pyramidalis* gepflanzt, die schon zur Zeit der napoleonischen Kriege bekannt war.

P. nigra

P. nigra var. *pyramidalis*

Die Schwarzpappel erreicht eine Höhe von 30—35 m. Der Stamm ist von einer schwarzen, rissigen Borke bedeckt. Die jungen Zweige sind gelblich, im Durchschnitt rund, die Knospen (4) sind harzig, länglich zugespitzt. Die Blätter sind rautenförmig, 6—10 cm lang, mit einem langen, flachen Blattstiel (1). Der Rand ist gesägt, das Blatt ist oben zugespitzt, ohne Drüsen am Stiel. Die Schwarzpappel ist zweihäusig. Die mänlichen Kätzchen sind rot, 5—6 cm lang, die weiblichen Kätzchen grünlich, ungefähr 10 cm lang (2). Die Kapseln (3) reifen Anfang Juni und die Samen mit einem weißen Haarschopf fliegen heraus. Sie bleiben einige Tage keimfähig.

1
2
♂
♀
3
4

Walnuß
Juglans regia L.

Walnußgewächse
Juglandaceae

Schwarznuß
Juglans nigra L.

Butternuß
Juglans cinerea L.

Die Walnuß war schon im antiken Rom wegen ihrer Früchte beliebt und geschätzt. Der wissenschaftliche Gattungsname *Juglans* ist aus dem lateinischen „Jovis glans", d.i. die Eichel des Zeus, entstanden. Das Hauptgebiet ihrer natürlichen Verbreitung liegt in Mittelasien und erstreckt sich über den Iran bis zum südlichen Teil der Balkanhalbinsel. Schon im Altertum wurde die Walnuß viel kultiviert und die Grenze ihrer Verbreitung verschob sich weit nach Norden. Heute wird sie in West- und Mitteleuropa in Obstgärten und Alleen wegen ihrer ölhaltigen Früchte angebaut. Sie ist ein wärmeliebendes Gehölz, das in Mitteleuropa an geschützten Hängen in warmem Hügelgelände die besten Standorte findet. Auf einer Kalksteinunterlage steigt sie bis in eine Höhe von 700 m ü.M. Sie verlangt fruchtbaren, tiefen Boden. Ihre Wurzeln reichen bis in eine Tiefe von 3 m und die Seitenwurzeln erstrecken sich in eine Entfernung von 15 m vom Stamm. Um eine hohe Produktivität zu erreichen, erfordert sie genügend Licht. Sie ist frostempfindlich und in strengen Wintern erleiden die Äste erhebliche Frostschäden.

Für die Forstwirtschaft ist die Schwarznuß *(J. nigra)* von größerer Bedeutung. Sie stammt aus Nordamerika aus dem Stromgebiet des Mississippi und wurde schon 1629 nach Europa eingeführt. Wegen ihrer Raschwüchsigkeit und ihres hochwertigen Holzes wird sie in Auenwäldern kultiviert. Sie ist ein lichtliebendes Gehölz und verträgt Fröste bis −25 °C. Aus ihren Früchten wird industriell Öl gewonnen.

Die nahe verwandte Butternuß *(J. cinerea)* ist noch frostfester, stellt geringere Bodenansprüche und liefert Holz von minderer Qualität.

J. regia

Die Walnuß wird 20–25 m hoch und weist eine graue, rissige Borke auf. Das Mark aller Nußarten ist quergefächert. Die Blätter sind unpaarig gefiedert und bestehen aus 5–9 ganzrandigen Blättchen (1). Die Blüten (2) erscheinen im Mai. Die Früchte sind kugelige bis eiförmige Steinfrüchte mit einem Durchmesser von 3–5 cm und einer grünen Hülle (3). Zur Reifezeit springt die Hülle auf und die Nuß (4) fällt auf den Boden.

Die Schwarznuß erreicht eine Höhe von mehr als 30 m und einen Stammdurchmesser von 150 cm. Die Borke ist grauschwarz, tief rissig. Die Blätter sind 25—50 cm lang und bestehen aus 15—23 Blättchen mit gesägtem Rand. Die Früchte sind runde Steinfrüchte mit einem Durchmesser von 3—5 cm und fallen mit den grünen Hüllen ab. Die Nuß ist grob gefurcht (5).

Die Butternuß hat eine weniger tiefrissige Borke und behaarte Blätter. Die eiförmig länglichen und klebrig filzigen Früchte (6) stehen zu je 3—6 in einer Traube.

Bitternuß

Carya cordiformis (WANGENH.) K. KOCH

Walnußgewächse

Juglandaceae

Weißer Hickory

Carya ovata (MILL.) KOCH

Die Hickory-Arten sind mit der Walnuß verwandt und unterscheiden sich von ihr vor allem durch das nicht quergefächerte Mark in den Zweigen, die kürzeren gefiederten Blätter und die Nüsse mit einer glatten oder leicht gerippten Schale. Fast alle Hickory-Arten stammen aus Nordamerika, nur zwei wachsen im Fernen Osten. Die Bitternuß ist im östlichen Teil Amerikas beheimatet, wo sie von Texas bis Südkanada in Flußtälern zusammen mit Eichen, Eschen und Ulmen wächst. Um gut zu gedeihen, erfordert sie nährstoffreichen, genügend feuchten Boden und einen halbschattigen Standort. Sie verträgt Fröste bis −30 °C gut. Nach Europa wurde sie 1689 eingeführt. Heute wird sie in mittel- und westeuropäischen Parks gepflanzt. Sie ist relativ raschwüchsig, mit 20 Jahren ist sie 5 m hoch. Sie liefert wertvolles, hartes Holz, das unter dem Namen Hickoryholz bekannt war.

Der nahe verwandte Weiße Hickory *(C. ovata)* hat in Nordamerika ungefähr dasselbe Verbreitungsgebiet und wächst auf ähnlichen Lokalitäten und in ähnlichen Waldgesellschaften. Er ist ein Halbschattengehölz von mittlerer Frostfestigkeit. Nach Europa wurde er 1629 eingeführt. Er wird in Parkanlagen in West- und Mitteleuropa kultiviert. Wegen seines hochwertigen Holzes wurde er vor dem ersten Weltkrieg in Frankreich und Deutschland versuchsweise in Waldbeständen angepflanzt. Aus seinen süßen Früchten, die bis 50 % Fett enthalten, wird industriell Öl gewonnen.

C. cordiformis

Die Bitternuß erreicht eine Höhe von 30 m und einen Stammdurchmesser von 100 cm. Der Stamm ist bis zum 80. Lebensjahr von einer glatten Rinde bedeckt. Typisch sind die gelblichen, nackten Knospen an den Zweigen. Die unpaarig gefiederten Blätter sind 20−30 cm lang und bestehen aus 7−9 lanzettlichen, 8−15 cm langen Blättchen (1). Die Frucht ist eine kugelige Steinfrucht. Sie enthält eine herzförmige, glatte Nuß (2) mit einem Durchmesser von 1,5−2 cm und einer dünnen, grünen Schale. Der lappenförmige Kern ist bitter.

Der Weiße Hickory hat eine graue, in Längsstreifen abblätternde Borke. Die Knospen sind von schwärzlichen Schuppen bedeckt. Die Blätter sind unpaarig

gefiedert, 20—30 cm lang und bestehen aus 5 Blättchen, von denen das endständige am größten ist (3). Die Frucht ist eine kugelige Scheinfrucht (4), 2—3,5 cm im Durchmesser, mit einer 0,5 cm dicken Hülle. Die Nuß ist schwach gerippt, glatt, weißlich.

Kaukasische Flügelnuß — Walnußgewächse
Pterocarya fraxinifolia (LAMB.) SPACH — *Juglandaceae*

Die Flügelnuß ist ein 25 bis 30 m hoher Baum mit der Neigung, mehrere Stämme zu bilden. Natürlich wächst sie in Transkaukasien, im Nordiran und in der Türkei. Andere Arten der Gattung *Pterocarya* wachsen in Ostasien. Die Kaukasische Flügelnuß kommt vor allem auf Anschwemmungen entlang von Flüssen vor, aber nur bis zu einer Höhe von 400 bis 500 m ü.M. Sie verlangt einen feuchten, halbschattigen Standort und verträgt auch kurzfristige Überschwemmungen gut. An trockenen Stellen wächst sie schlecht. Sie erleidet schon bei −25 °C leichte Frostschäden. An geeigneten Standorten wächst sie rasch, mit 10 Jahren erreicht sie eine Höhe von 6 m und wird 200 Jahre alt. Sie treibt üppigen Stockausschlag und aus den oberflächlichen Wurzeln auch oft Wurzelbrut. Nach Europa wurde sie 1782 eingeführt und wird hier in wärmeren Gebieten an feuchten Standorten als Ziergehölz kultiviert. Sie wird in Parkanlagen oder an Ufern von Gewässern gepflanzt. Besonders zierend wirkt sie im Herbst durch ihre großen, zusammengesetzten, goldgelb gefärbten Blätter, wie auch durch die Früchte, die in langen, überhängenden Ähren angeordnet sind. Sie liefert das sehr schöne Furnier (kaukasisch Nußbaum), das für die Möbelherstellung verwendet wird. Man soll nicht versuchen, mehrstämmigen Bäumen eine einstämmige Form zu verleihen, denn nach Entfernen der übrigen Stämme treibt die Flügelnuß viel Wurzelbrut.

Die Flügelnuß bildet einen bis 1 m starken Stamm mit einer flach längsrissigen, schwarzgrauen Borke. Das Mark in den Zweigen ist quergefächert wie bei den Walnußarten. Die Knospen sind rostbraun mit einem Anflug von Behaarung wie dies bei nackten Knospen der Fall ist. Die Blätter sind wechselständig, unpaarig gefiedert, 20—40 cm lang, aus 15—23 Blättchen zusammengesetzt, die 8 bis 10 cm lang und 3—4 cm breit sind. Oben sind sie stumpf zugespitzt, der Rand ist gesägt (1). Am längsten ist das mittlere Blattpaar. Die männlichen und weiblichen Blüten (2) erscheinen auf einem Baum im April bis Mai. Die männlichen Kätzchen sind kürzer, die weiblichen bis 30 cm lang. Die Früchte sind Nüßchen von 1 cm Durchmesser mit zwei Flügeln. Sie sind in einer 30 cm langen überhängenden Traube angeordnet (3). Sie reifen und fallen im Oktober ab.

2
♀
♂
1
3

Weißbirke, Sandbirke
Betula pendula ROTH

Birkengewächse
Betulaceae

Die Birke ist ein typischer Baum des nördlichen kalten Klimas. Die einzelnen Arten sind in Europa, Asien und Nordamerika verbreitet. In Europa ist der wichtigste Vertreter die Weißbirke. Sie wächst von Sizilien im Süden bis über den Polarkreis hinaus in Norwegen und Schweden und dringt weit nach Sibirien vor. Am häufigsten tritt sie in Nordeuropa auf, wo sie von großer wirtschaftlicher Bedeutung ist. In Mittel- und Westeuropa war sie ursprünglich ein Bestandteil der Niederwälder (bewirtschaftete Bestände zur Gewinnung von Brennholz). Sie stellt sehr bescheidene Anforderungen an Bodenfruchtbarkeit und -feuchtigkeit und verträgt volles Sonnenlicht wie auch sehr niedrige Temperaturen gut. Sie gehört zu den im Frühjahr zeitig austreibenden Gehölzen. Ihr kleiner, leichter Samen wird vom Wind in große Entfernungen getragen und deshalb besetzt die Birke alle freigewordenen Flächen, Lichtungen, Weiden usw. Sie ist ein wichtiges Pioniergehölz. In der Jugend wächst sie rasch, so daß sie wuchernde Kräuter und Sträucher, die die Kultivierung des Waldes erschweren, mühelos im Wachstum überholt. Mit zehn Jahren erreicht sie eine Höhe von 5 m. Sie wird nur 100 bis 150 Jahre alt. Sie weist ein weitverzweigtes, aber ziemlich oberflächliches Wurzelsystem auf, so daß sie manchmal durch Wind und Schnee entwurzelt wird. Die Birke ist ein sehr veränderliches Gehölz und wir kennen von ihr mehrere Sorten, die sich durch die Form ihrer Krone ('Fastigiata', 'Youngi pendula') oder die Färbung des Laubes ('Purpurea') voneinander unterscheiden. Sehr ziervoll wirkt die beliebte Varietät *dalecarlica* mit tief eingeschnittenen lappigen Blättern (5), die in Skandinavien gefunden wurde.

Die Weißbirke ist ein 20—25 m hoher Baum mit einem glatten Stamm, dessen größter Teil von einer weißen Rinde bedeckt ist. Sie bildet eine lichte Krone mit überhängenden Zweigen. Die Blätter sind dreieckig eiförmig, 3—6 cm lang, am Rand grob gesägt mit einem keilförmigen Blattgrund (1). Die männlichen Kätzchen sind schon im Herbst sichtbar, die weiblichen erscheinen erst beim Laubaustrieb. Sie sind klein, aufrechtstehend, rötlich (2). Die kleinen Nüßchen haben zwei häutige Flügel (4). Sie bilden einen 2—3 cm langen Fruchtstand (3), der im Herbst und Winter zerfällt.

1
2
3
4
5
♀
♂

Moorbirke
Betula pubescens EHRH.

Birkengewächse
Betulaceae

Weißrindige Himalajabirke
Betula jacquemontii SPACH

Die Moorbirke ist mit der Weißbirke nahe verwandt. Der Schwerpunkt ihrer Verbreitung liegt in Nordeuropa und Nordsibirien. In Mittel- und Westeuropa wächst sie nur an nassen Standorten. Auf Sumpf- und Torfböden wächst sie zusammen mit Knieholz, Weiden, Traubenkirsche und Schneeball. Sie erreicht eine geringere Höhe als die Weißbirke (bis 20 m) und ihre Zweige sind schief aufwärts gerichtet. Sie ist auch weniger lichtbedürftig als die Weißbirke. Von wirtschaftlicher Bedeutung ist sie hauptsächlich in Nordeuropa.

Die Weißrindige Himalajabirke *(B. jacquemontii)* ist eine Hochgebirgsart, die aus dem Himalajagebiet stammt, wo sie in Indien und Ostafghanistan in Höhen von 2500 bis 4200 m ü.M. auftritt. Sie wird 15—20 m hoch und wirkt sehr zierend durch ihre weißliche Rinde, die in dünnen Schuppen abblättert. Ebenso wie die Moorbirke wird auch sie als Ziergehölz in Parkanlagen gepflanzt. In Mitteleuropa erleidet sie in strengeren Wintern Frostschäden.

B. pubescens

Der Stamm der Moorbirke ist bis ins hohe Alter auch am unteren Teil des Stammes von einer weißlichen oder bräunlichen, glatten Borke bedeckt. Die Blätter sind breit eiförmig, 4—6 cm lang mit einem abgerundeten Blattgrund (1). Im Frühjahr sind sie unterseits dicht behaart, später werden sie teilweise kahl. Auch die einjährigen Triebe sind behaart. Die Blattspreite hat 6—7 Seitennervenpaare. Die Fruchtstände sind 2,5—3 cm lang, zylinderförmig (2). Sie zerfallen erst zu Beginn des Winters und legen den Samen frei. Der Samen hat zwei häutige Flügel, bei der Deckschuppe sind alle drei Lappen aufgerichtet.

Die Weißrindige Himalajabirke hat eiförmige, 5—7 cm lange Blätter, der Blattgrund ist abgerundet, es sind 7—10 Seitennervenpaare vorhanden (3). Die Fruchtstände sind etwa 3 cm lang. Der Samen hat zwei schmale, häutige Flügel, die Deckschuppe 3 aufgerichtete Lappen.

3
1
2

Schwarzerle
Alnus glutinosa (L.) GAERTN.

Birkengewächse
Betulaceae

Die Schwarzerle verdankt ihren Artnamen der schwarzen Borke, die ihren Stamm bedeckt. Sie ist ein Gehölz feuchter Lokalitäten und deshalb findet man sie in Tälern entlang von Flüssen und Bächen, an Teich- und Seeufern und überall dort, wo der Boden naß ist. Sie ist fast über ganz Europa verbreitet, von Spanien bis nach Skandinavien und im Osten weit nach Sibirien. Sie wächst in Niederungen und im Hügelland, im Gebirge steigt sie in 800 bis 1000 m Höhe auf. Sie ist ein 20 bis 30 m hoher Baum mit einem geraden, bis zur Krone durchlaufenden Stamm. Die ziemlich dünnen Äste stehen senkrecht vom Stamm ab. Die Schwarzerle ist raschwüchsig, mit 10 Jahren erreicht sie eine Höhe von 4 bis 5 m. Sie zeichnet sich durch reichlichen Stockausschlag aus und bewahrt diese Fähigkeit bis ins Alter von 100 Jahren. Sie ist ausgesprochen lichtbedürftig. Die Schwarzerle besitzt ein reiches Wurzelsystem, so daß sie fähig ist, die Ufer von Bächen und Flüssen zu befestigen. Auf den Wurzeln der Erle befinden sich Knöllchenbakterien, die den Luftstickstoff binden, dem Baum so stickstoffhaltige Nahrung zuführen und auch den Boden bereichern. Deshalb wird die Erle manchmal auch als Meliorationsgehölz auf Sandböden gepflanzt, erreicht hier aber kein hohes Alter. Das Holz findet Verwendung bei Wasserbauten.

Die Schwarzerle kann man im Winter gut an den keulenförmigen Knospen erkennen, wie auch an den männlichen Kätzchen, die schon im Herbst angelegt werden. Die Blätter sind breit verkehrt eiförmig bis rundlich, 5—9 cm lang, an der Spitze meistens eingekerbt (1). Sie weisen 5—6 Nervenpaare auf und sind im Frühjahr zunächst klebrig. Die kätzchenförmigen Blütenstände (2) erscheinen zeitig im Frühjahr, im März, noch vor dem Laubaustrieb. Die männlichen Kätzchen sind gelblich, 12 cm lang, die weiblichen rot, ungefähr 1 cm lang. Bis zum Herbst entwickeln sich aus den weiblichen Kätzchen holzige Zapfen (3), die 14—18 mm lang sind. Sie enthalten mehrere bräunliche Nüßchen (4) von 3 mm Durchmesser, die durch den Wind in größere Entfernungen getragen werden. Ein Durchlüftungsgewebe an den Seiten der Nüßchen ermöglicht die Verbreitung der Früchte auch im Wasser.

1
2
♀
♂
3
4

Grauerle, Weißerle
Alnus incana (L). MOENCH.

Birkengewächse
Betulaceae

Die Grauerle erhielt ihren Namen nach der glatten, grauen Rinde, die sie bis an ihr Lebensende behält. Sie ist kleiner als die Schwarzerle (siehe Seite 184). Sie erreicht nur ein Alter von 60 bis 100 Jahren und bildet deshalb auch keinen starken Stamm. Sie ist vor allem in Nordeuropa verbreitet, wo sie in Schweden, Norwegen und Finnland, wie auch in den nördlichen Gebieten der UdSSR bis zur Tundra reicht. In Mittel- und Südosteuropa ist sie an Gebirgsmassive gebunden, vor allem an die Alpen, Karpaten, Rhodopen und die Berge Bosniens. Sie gedeiht hier in Höhen von 600 bis 1500 ü.M., in den Alpen bis 2000 m. Sie wächst auf Schotterterrassen entlang von Gebirgsbächen, aber auch auf trockeneren Geröllfeldern. Sie hat ein flaches Wurzelsystem und zeichnet sich durch reichen Stockausschlag, wie auch durch Wurzelbrut aus. Auf den Wurzeln sitzen Knöllchenbakterien, die den Luftstickstoff binden. Deshalb wird sie als Meliorations- und Pioniergehölz bei der Aufforstung unfruchtbarer Böden verwendet. Sie ist lichtbedürftig, wenig anspruchsvoll in Bezug auf die Standortbedingungen und im Vergleich mit der Schwarzerle sagen ihr besser durchlüftete und leichtere Böden zu. Mit der Schwarzerle bildet sie Bastarde, deren Rinde und Blätter Übergangsmerkmale zwischen beiden Eltern aufweisen.

In Parks werden die Ziersorten 'Aurea' mit goldgelben Blättern, 'Laciniata' mit 6—8 schönen, schmal gelappten Blätterpaaren und 'Pendula' mit einer schirmförmig überhängenden Krone kultiviert.

Die Grauerle ist nur 15—20 m hoch. Der durchlaufende Stamm ist bis ins Alter von einer glatten, grauen Rinde bedeckt. Die Knospen gleichen denen der Schwarzerle. Die Blätter sind eiförmig, 4—9 cm lang, am Ende zugespitzt, mit doppelt gesägtem Rand (1). Sie haben 8—12 Seitennervenpaare und sind unterseits blaugrün. Die Blüten (2) erscheinen etwa 14 Tage früher als bei der Schwarzerle. Die männlichen Kätzchen sind gelb, ungefähr 8 cm lang, die weiblichen Kätzchen rötlich. Bis zum Herbst entwickeln sich aus ihnen holzige Zapfen, die dickere Stiele aufweisen als bei der Schwarzerle (3). Die hellbraunen Samen (4) von 3 mm Durchmesser haben einen breiteren Flügelrand als die der Schwarzerle.

1
♀
2
♂
4
3

Haselnuß *Corylus avellana* L.

Haselgewächse *Corylaceae*

Baumhasel *Corylus colurna* L.

Die Haselnuß ist ein oft mehrstämmiger, bis 8 m hoher Strauch. Sie gedeiht fast in ganz Europa, im Norden reicht sie bis über den Polarkreis hinaus, im Süden dringt sie in die Türkei vor und im Osten zur Wolga. Am häufigsten trifft man sie in Hügelgelände an, im Unterholz lichter Wälder, an Waldrändern und auf Rainen. An sonnigen Hängen, besonders mit einer Kalksteinunterlage, wächst sie in Höhen von mehr als 1000 m. Ihre Früchte sind eßbar und enthalten bis 60 % Fette. Die Haselnuß vermehrt sich durch Samen. Sie treibt üppigen Stockausschlag und ihr dichtes Wurzelsystem festigt den Boden. Sie erreicht ein Alter von 80 Jahren. Sie ist ein wichtiges bodenschützendes und Meliorationsgehölz, in Gärten pflanzt man sie wegen der Früchte, in Parks werden Sorten mit goldgelb oder rot gefärbten Blättern kultiviert.

Aus Südosteuropa und Kleinasien stammt die Baumhasel *(C. colurna).* Sie ist ein stattlicher Baum mit einem geraden Stamm und einer kugelförmigen Krone. Sie wächst auf fruchtbaren, humosen Böden in 800 bis 1700 m ü.M. hohen Lagen. Sie verlangt einen halbschattigen Standort und verträgt Fröste bis −25 °C gut. Sie wirkt überaus reizvoll durch die Form der Krone und die interessanten Früchte und wird oft in Alleen und Parks gepflanzt. Sie wird bis 200 Jahre alt.

C. avellana

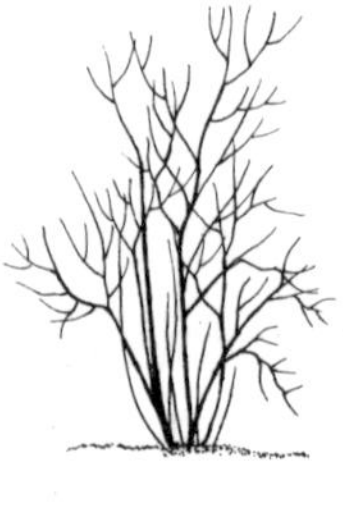

C. colurna

Die Haselnuß ist ein 3–8 m hoher Strauch. Die eiförmig kugeligen Knospen sind von einigen Schuppen bedeckt. Die Blätter (1) sind rundlich verkehrt eiförmig, 7–12 cm lang, der Blattgrund ist herzförmig. Der Rand ist doppelt gesägt, die Unterseite ist drüsig flaumig. Der Blattstiel ist nur 1–2 cm lang. Die männlichen Blüten sind in überhängenden Kätzchen angeordnet, die 5–7 cm lang sind, die weiblichen Blüten sind den Knospen ähnlich und haben fadenförmige rote Narben (2). Die Frucht ist eine ovale Nuß (3), 1–1,5 cm groß, die teilweise von einer Hülle aus Nebenblättern umgeben ist.

Die Blätter der Baumhasel sind mehr rundlich und haben einen 2–4 cm langen Blattstiel. Die Blüten sind denen der Haselnuß ähnlich. Die eßbaren Nüsse (4) haben eine härtere Schale, stehen in

Büscheln von 2—8 und sind von einem drüsigen Nebenblatt, das in lange Zipfel geteilt ist, umhüllt.

Hainbuche, Gemeine Weißbuche Birkengewächse
Carpinus betulus L. *Betulaceae*

Die Hainbuche ist ein Baum von mittlerer Größe mit einer breiten eiförmigen Krone. Der Stamm erreicht einen Durchmesser von maximal 60 cm und der Baum wird ungefähr 200 Jahre alt. Die Hainbuche ist ein Gehölz West-, Mittel- und Südeuropas. Im Norden dringt sie bis in den südlichsten Teil Schwedens und in die Baltischen Republiken vor, im Osten bis zum Dnepr und zum Kaukasus. Sie ist ein wärmeliebendes Gehölz, in Mitteleuropa wächst sie nur in eine Höhe von 600 m ü.M. In Nordeuropa leidet sie stark unter Frösten. Am häufigsten tritt sie in Mischwäldern zusammen mit der Eiche auf und bildet die bestandschließende untere Schicht. Auf Geröllböden wächst sie auch zusammen mit Ulme, Ahorn und Linde. Mittlere Beschattung verträgt sie gut, verlangt aber frischen Boden. Trockene Sandböden oder stärker sauere Böden meidet sie. Das Wurzelsystem ist flach und manchmal wird der Baum durch Wind entwurzelt. Die Hainbuche treibt üppigen Stockausschlag und deshalb herrschte sie in manchen, als Niederwald bewirtschafteten und zur Brennholzgewinnung bestimmten Beständen vor und bildete fast reine Hainbuchenwälder. Sie liefert schweres und hartes Holz, das sich zur Herstellung der verschiedensten Geräte eignet. Die Vermehrung erfolgt durch Samen, die erst im zweiten Jahr keimen, aber bei der Hainbuche sind Samenjahre (Vollmast) häufig. Sie ist ein wichtiges Wald- und Meliorationsgehölz. In Parks wird sie zu dichten Heckenzäunen oder hohen lebenden Hecken verwendet.

Die Hainbuche ist ein 20—25 m hoher Baum. Die Knospen sind eiförmig zugespitzt und nur 8—12 mm lang. Die Blätter sind länglich oval, 5—11 cm lang, 3 bis 5 cm breit, am Blattgrund abgerundet. Sie haben 9—14 Seitennervenpaare und einen doppelt gesägten Rand (1). Die Blüten sind in überhängenden Kätzchen angeordnet (2). Die männlichen Kätzchen treiben schon im Herbst und in der Blütezeit werden sie 4—6 cm lang. Die weiblichen Kätzchen sitzen an Endtrieben, sind grün und unauffällig, Blütezeit Ende April und im Mai. Die Früchte bilden 6—12 cm lange, überhängende Ähren (3). Die Frucht ist eine rippige, eiförmige Nuß von 6—8 mm Durchmesser, die in einem dreilappigen grünen Nebenblatt sitzt.

1
2
3
♀
♂

Gemeine Buche, Rotbuche Buchengewächse
Fagus sylvatica L. *Fagaceae*

Die Buche ist eines der wichtigsten europäischen Waldgehölze. Ihre Verbreitungsgrenze erstreckt sich im Norden von Großbritannien über Südnorwegen und -schweden bis zur Ostsee und verläuft weiter über Ostpolen und entlang der Karpaten in die Ukraine und auf die Balkanhalbinsel. In Südeuropa wächst die Buche in Gebirgslagen. In Mitteleuropa reicht sie von 300 m ü.M. bis in Höhen über 1000 m ü.M., besonders auf einer Unterlage aus Kalkstein. An geeigneten Standorten ist sie ein sehr expansives Gehölz und bildet hier Reinbestände mit hohen, geraden Stämmen – die Buchenwälder. In höheren Lagen wächst sie zusammen mit der Fichte und Tanne, in niedrigeren Lagen mit der Hainbuche und Eiche. In der Jugend ist sie langsamwachsend und verträgt beschattete Standorte gut. Durch den reichen Laubabfall verbessert sie den Boden und erhält ihn in einem guten Zustand. Die Buchenbestände wirken im Frühjahr besonders schön durch das frische Grün ihrer austreibenden Blätter und im Herbst durch die bronzefarbenen Blätter. Zur Zeit der Samenreife versorgt sie das Wild mit Nahrung, früher weidete man auch das Vieh in Buchenwäldern. Durch den Samen verjüngen sich die Bestände gut, während der Stockausschlag der Buche nur schwach ist. Aus dem harten, rötlichen Buchenholz werden Möbel, Parkett und Eisenbahnschwellen hergestellt. In Parks pflanzt man vielfach Sorten mit farbigen Blättern ('Atropunicea', 'Zlatia', 'Roseomarginata') mit geschlitzten Blättern ('Laciniata', Asplenifolia', 'Cristata') oder mit einer säulenförmigen ('Dawycki') oder überhängenden Krone ('Pendula').

Die Buche erreicht eine Höhe von 30 bis 40 m und bildet einen glatten Stamm mit einer hoch angesetzten Krone. Die silbergraue Rinde bleibt bis ins Alter glatt. Die Knospen sind länglich spindelförmig, 2 cm lang und stehen schräg vom Zweig ab (5). Die eiförmigen Blätter sind 4 bis 9 cm lang, ganzrandig oder mit gewelltem Rand. Oberseits sind sie leuchtend grün, am Rande bewimpert, mit 5–9 Seitennervenpaaren (1). Die männlichen Blüten sind in kugeligen langgestielten Kätzchen angeordnet, die weiblichen stehen zu zweit in einem aufrechten Becher (2). Sie erscheinen im April und Mai.

Die Frucht ist ein kantiges, 1 cm langes Nüßchen – die Buchecker (3), die in einem harten, stacheligen Becher sitzt (4). Sie reift im Oktober.

Eßkastanie
Castanea sativa MILL.

Buchengewächse
Fagaceae

Wegen der schmackhaften Früchte wurde die Eßkastanie schon von den alten Griechen und Römern angebaut. Die Grenze ihrer natürlichen Verbreitung läßt sich nur schwer bestimmen. Ursprünglich wächst sie in Spanien, Südfrankreich, der Schweiz, Österreich, auf der Balkanhalbinsel, in Kleinasien und im Kaukasus. Als Kulturpflanze wird sie schon Jahrtausende gehalten. So kam sie auch nach Großbritannien, in die BRD, DDR und nach Ungarn. Fruchtende Eßkastanien kennen wir heute auch aus Norwegen und Dänemark. Um ihre Einführung haben sich besonders die Mönche aus den Klöstern verdient gemacht. Die Eßkastanie ist ein langlebiges Gehölz, das über 1000 Jahre alt wird und manchmal einen Stammdurchmesser von mehr als 4 m erreicht. Für ein gedeihliches Wachstum erfordert sie dasselbe warme Klima wie die Weinrebe. In kälteren Gebieten frieren die Triebe zurück und an den Stämmen erscheinen Frostrisse. An den Boden stellt sie keine besonderen Ansprüche, sauere Böden sagen ihr zu, Kalkböden meidet sie. Sie ist ein Herzwurzler und treibt üppigen Stockausschlag. Im Bestand verträgt sie eine mittlere Beschattung, als Obstbaum erfordert sie mehr Licht. Sie beginnt schon vom 15. Lebensjahr an zu fruchten. Sie ist verhältnismäßig raschwüchsig und liefert hartes Holz von guter Qualität, das zur Herstellung von Möbeln, Fässern und Schiffen dient. Aus der Rinde und dem Holz wird Gerbstoff gewonnen. In Parks pflanzt man die Eßkastanie als Ziergehölz.

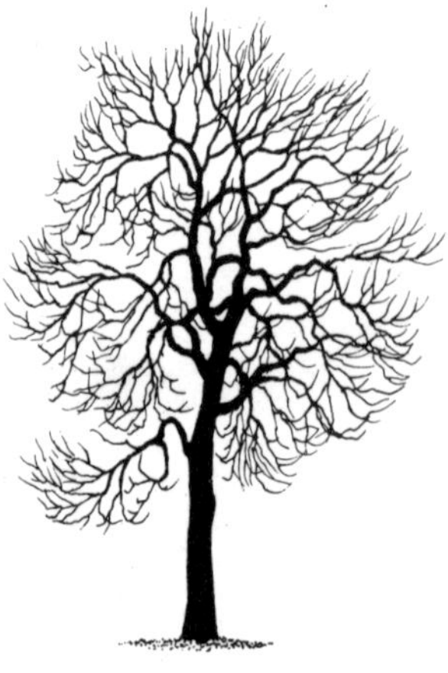

Ein stattlicher Baum, der 20—25 m hoch wird, mit einem starken Stamm und einer dichten, schönen Krone. Der Stamm ist von einer längsrissigen Borke bedeckt. Die wechselständigen Knospen werden von der Zweigspitze an kleiner (5). Die Blätter sind lederartig, länglich elliptisch, 10—20 cm lang, zugespitzt mit stachelig-gesägtem Rand (1) und 15—20 Seitennervenpaaren. Die männlichen Blüten wachsen in aufrechten, 10—20 cm langen Kätzchen. Die weiblichen Blüten sitzen entweder im unteren Teil der männlichen Kätzchen oder bilden selbständige kurze Kätzchen (2). Sie erscheinen Ende Juni und werden von Insekten bestäubt. Die Frucht ist eine stachelige Kapsel (3) von etwa 5 cm Durchmesser, die zur Reifezeit, im Oktober aufspringt und 2—3 dunkelbraune, glänzende Samen — die Kastanien (4) — freigibt.

4
♂
♂
2
1
♀
5
3

Zerreiche
Quercus cerris L.

Buchengewächse
Fagaceae

Korkeiche
Quercus suber L.

Die Zerreiche stammt aus Südeuropa. Der Schwerpunkt ihrer Verbreitung liegt heute in Ungarn, Rumänien und Jugoslawien. Im Norden wird ihr Verbreitungsgebiet durch die Alpen und Karpaten begrenzt, im Westen dringt sie nach Italien und Südspanien vor, im Osten nach Kleinasien. Sie wächst in Laubmischwäldern im Hügelland bis in eine Höhe von 500 bis 700 m. An Bodenfruchtbarkeit und -feuchtigkeit stellt sie nur geringe Ansprüche und meidet nur stark kalkhaltige Böden. Sie erreicht ein Alter von ungefähr 200 Jahren. Heute wird sie auch weiter im Norden gepflanzt, erleidet hier aber in strengen Wintern Frostschäden und an den Stämmen bilden sich Frostleisten. Dadurch wird ihr Holz, das von minderer Qualität ist, noch mehr entwertet. In Südosteuropa stellt sie aber noch immer ein wirtschaftlich wertvolles Gehölz dar. Sie liefert hartes Holz, das für die Herstellung von Möbeln, Eisenbahnschwellen, Fässern usw. geeignet ist. In den Parks Mittel- und Osteuropas wirkt sie wegen ihrer dunkelgrünen Färbung zierend.

Die Korkeiche *(Q. suber)* ist ein immergrünes Gehölz, das im Mittelmeergebiet beheimatet ist, wo es in Portugal, Spanien, Marokko, Algerien und Tunis wächst. Sie stellt hohe Ansprüche an Wärme und Licht. Sie wächst vor allem in der Küstenzone, verlangt eine jährliche Niederschlagsmenge von mindestens 600 mm und meidet eine Kalksteinunterlage. Für die Wirtschaft stellt sie ein wichtiges Gehölz dar. Die Korkgewinnung durch Schälen der Borke wird in 5- bis 7jährigen Intervallen wiederholt, ohne daß der Baum beschädigt wird. Das Holz wird als Brennmaterial verwendet, es dient z.B. zur Herstellung von Holzkohle. Die Korkeiche erreicht ein Alter von 400 Jahren.

Q. cerris

Die Zerreiche erreicht eine Höhe von 20—30 m und bildet Stämme mit einer schwärzlichen, grobrissigen Borke. Die Knospen sind von einem Bündel fadenförmiger Nebenblätter umgeben. Die Blätter sind länglich elliptisch, 6—12 cm lang mit zugespitzen Lappen (1). Sie sind lederartig, oberseits glänzend dunkelgrün. Die männlichen Kätzchen (2) erblühen Anfang Mai. Die etwa 3 cm langen Nüßchen werden Eicheln genannt. Sie sitzen bis zu einem Drittel in einem schüsselförmigen Becher, der von fadenförmigen Schuppen bedeckt ist (3). Sie reifen zwei Jahre. Im ersten Jahr werden sie nur erbsengroß.

Die Korkeiche ist ein 15–20 m hoher Baum mit einer breiteren Krone und einer dicken Korkborke. Die Blätter sind länglich eiförmig, 3–7 cm lang, ganzrandig oder mit spärlichen scharfen Zähnen (4). Oberseits sind sie glänzend dunkelgrün, unterseits grau-filzig. Die Eicheln reifen im ersten Jahr, sie sind 3 cm lang und sitzen zu einem Drittel in einem schuppigen Becher.

Stieleiche
Quercus robur L.

Buchengewächse
Fagaceae

Unter den europäischen Laubbäumen gilt die Eiche als Symbol der Kraft, Erhabenheit und Ausdauer. Sie wird sehr hoch und bildet 2 bis 3 m starke Stämme und eine weit ausladende Krone. Sie ist von Westeuropa bis zum Ural im Osten verbreitet und im Norden reicht sie bis nach Südschweden. Sie ist das vorherrschende Gehölz der Auenwälder in Flußtälern, wo sie große Bestände zusammen mit der Ulme, Esche, Hainbuche und Linde bildet. Sie bevorzugt fruchtbare, schwere, ausreichend feuchte Böden und steigt in eine Höhe von 400 bis 500 m ü.M. auf. Sie verlangt einen ausgesprochen sonnigen Standort, in Mischwäldern nimmt sie die obere Schicht ein. Sie treibt spät aus und bildet eine lichte Krone, so daß sie für die Gehölze in der unteren Schicht genügend Licht durchläßt. Das Wurzelsystem ist mächtig entwickelt, die Pfahlwurzel reicht einige Meter tief in den Boden und deshalb wurden die Eichen früher zur Festigung von Teichdämmen verwendet. Sie kann ein Alter von 1000 Jahren erreichen und die alten Eichen bilden ein architektonisches Element in der Landschaft wie auch in Parkanlagen. Die Stieleiche liefert wertvolles Holz, das zur Herstellung von Furnieren, Parkett, Fässern und Möbeln dient. Wegen des hohen Gerbstoffgehaltes ist das Holz auch im Wasser haltbar und wird deshalb bei Wasserbauten und im Schiffsbau verwendet. Die Eicheln sind ein wertvolles Futter für das Wild und auch für Schweine. In Alleen und Parks findet die säulenförmige Sorte 'Fastigiata' häufig Verwendung und ebenso 'Concordia' mit gelb gefärbten oder 'Pectinata' mit tief geschlitzten Blättern.

Die Stieleiche erreicht eine Höhe von 40 m. Die starken Stämme sind von einer schwarzen, tiefrissigen Borke bedeckt. Die Blätter sind wechselständig, leicht gelappt, 10–12 cm lang mit geöhrtem Blattgrund und einem kurzen (bis 1 cm langen) Blattstiel (1). Die Blüten (2) erscheinen im Mai. Die männlichen Blüten stehen in überhängenden Kätzchen, die kleinen weiblichen an einem Stiel von 2–4 cm Länge. Die Frucht ist eine 2 bis 3 cm lange Nuß, die Eichel (3), die zu einem Drittel in einem flachen Becher sitzt (4). Die Eicheln reifen von September bis Oktober.

2
♂
♀
3
1
4

Traubeneiche, Wintereiche
Quercus petraea (MATUSCHKA) LIEBL.

Buchengewächse
Fagaceae

Die Traubeneiche ist die schlankere Schwester der Stieleiche. Sie erreicht dieselbe Höhe, aber einen kleineren Stammdurchmesser. Von der Stieleiche unterscheidet sie sich vor allem durch die langgestielten Blätter und die auf den Zweigen sitzenden Eicheln. Sie ist über den größten Teil Europas verbreitet. Im Norden wächst sie bis zum 60. Breitengrad. In die kontinentalen Gebiete der UdSSR reicht sie nicht, sondern verbreitet sich über die Ukraine hauptsächlich in Hügelland und Mittelgebirgen bis zu einer Höhe von 700 m ü.M., also in Gebieten mit geringen Niederschlagsmengen und einer niedrigen relativen Luftfeuchtigkeit. Sie bildet Mischbestände mit der Hainbuche, Kiefer, Birke, Linde und Buche. Auf warmen, trockenen Hängen wächst sie auch zusammen mit der Elsbeere und dem Feldahorn. Sie ist ein lichtbedürftiges Gehölz, das an Bodenfruchtbarkeit und -feuchtigkeit geringere Ansprüche stellt als die Stieleiche. Sie verträgt auch sauren Boden. Sie ist frostempfindlicher und in strengen Wintern erscheinen an den Stämmen Frostleisten. Sie treibt viel Stockausschlag und ihre Bestände wurden früher zusammen mit der Hainbuche oft als Niederwald bewirtschaftet, der zur Gewinnung von Brennholz diente. Das Holz ist von ähnlicher Qualität wie das der Stieleiche und findet auch dieselbe Verwendung. Die Traubeneiche ist ziemlich abgasfest und wird deshalb oft in städtischen Alleen gepflanzt. Sie erreicht ein Alter von 400 bis 500 Jahren.

Die Traubeneiche wird 30—35 m hoch und bildet eine schmälere Krone als die Stieleiche. Im höheren Alter ist der Stamm von einer längsrissigen, grauschwarzen Borke bedeckt. Die Endknospen sind, ebenso wie bei der Stieleiche, an den Spitzen der Zweige gehäuft (3). Die Blätter sind wechselständig, verkehrt eiförmig, 8—12 cm lang, mit 5—8 seichten Lappen auf jeder Seite. Der Blattgrund verengt sich keilförmig zum Blattstiel, der 2—3 cm lang ist (1). Die Traubeneiche blüht etwa 10 Tage später als die Stieleiche und die weiblichen Blüten sitzen an den Zweigen. Die Eicheln sind etwas kleiner, ebenfalls sitzend (2).

1
2
3

Flaumeiche
Quercus pubescens WILLD.

Buchengewächse
Fagaceae

Steineiche
Quercus ilex L.

Die Flaumeiche ist eine wärmeliebende Art, die aus Südeuropa stammt. Heute wächst sie natürlich in Spanien, Südfrankreich, Italien, auf der Balkanhalbinsel und in Kleinasien. Die Nordgrenze ihrer Verbreitung verläuft durch Frankreich, das Rheinland, Baden-Württemberg und vereinzelte Lokalitäten in der Tschechoslowakei. In Südeuropa steigt sie ins Gebirge auf, in Mitteleuropa wächst sie im Hügelland bis zu einer Höhe von 400 bis 500 m ü.M. Sie liebt trockene und warme Hänge, besonders auf Kalkunterlagen, Andesit und Basalt. Sie bildet einen Bestandteil der wärmeliebenden Eichenwälder und der Waldsteppenformationen, wo sie zusammen mit der Elsbeere, Mehlbeere, dem Feldahorn, Kreuzdorn und Hartriegel aufritt. In fruchtbaren Gebieten wurden die meisten ihrer ursprünglichen Bestände in Wein- und Obstgärten umgewandelt. Die Flaumeiche ist lichtliebend, frostempfindlich und bildet lockere, lichte Bestände. Ihre wirtschaftliche Bedeutung ist gering.

Im Mittelmeergebiet (Südeuropa, Nordafrika, Kleinasien) wächst auf steinigen Hängen die immergrüne Steineiche *(Q. ilex)*. Heute wird sie in der Küstenzone bis nach Großbritannien kultiviert. Sie ist wärmeliebend, verträgt Trockenheit, aber auch kurzfristige Fröste bis −15 °C. Sie eignet sich zum Aufforsten trockener Hänge mit Kalkboden. In Parks wird sie als Ziergehölz gepflanzt.

Q. pubescens

Die Flaumeiche ist ein 7—15 m hoher Baum, meistens mit einem krummen Stamm und einer weit ausladenden Krone. Die Jahrestriebe sind grau-filzig. Die Blätter sind verkehrt eiförmig, 5—8 cm lang, im Frühjahr unterseits dicht filzig, später verkahlend. Der Blattgrund ist abgerundet, der Blattstiel ist 8—15 mm lang (1). Die Eicheln in einem filzigen Fruchtbecher sind 2—3 cm lang, auf den Zweigen sitzend (2).

Die Steineiche erreicht eine Höhe von 15—20 m. Sie hat immergrüne, lederartige, elliptische, 3—7 cm lange Blätter. Oberseits sind sie glänzend dunkelgrün, unterseits weißlich-filzig, ganzrandig oder mit wenigen scharfen Zähnen (3). Die Eichel ist 2—3 cm lang und sitzt fast bis zur Hälfte in einem Becher.

1
2
3

Roteiche Buchengewächse
Quercus rubra L. *Fagaceae*

Die Roteiche stammt aus Nordamerika, wo sie in der östlichen Hälfte vom 34. Breitengrad an nach Norden bis zur kanadischen Grenze vorkommt. Sie bildet Laubmischwälder mit der Esche, den Hickory-Arten, der Linde und anderen Eichenarten. Sie verlangt tiefen Boden, aber im Vergleich zu den europäischen Eichenarten stellt sie bescheidene Ansprüche an seine Fruchtbarkeit. Sie verträgt auch Sandböden und schwach saure Böden. Auf kalkreichen und nassen Böden wächst sie schlecht. Durch das mächtige Wurzelsystem ist sie gut im Boden verankert. Nach Europa wurde sie schon 1724 eingeführt und heute wird sie hier viel gepflanzt und reicht bis nach Südschweden und Norwegen. Wegen ihrer Raschwüchsigkeit und bescheidener Bodenansprüche wird sie auch in Waldbeständen angebaut. Als Meliorationsgehölz wird sie in Kiefernbeständen angepflanzt. An weniger fruchtbaren Standorten liefert sie höhere Holzerträge als die europäischen Eichenarten. Das harte Kernholz findet ähnliche Verwendung wie das der europäischen Eichenarten, wird aber weniger geschätzt. Die Roteiche stellt auch geringere Ansprüche an das Licht, ist frosthart und verträgt Abgase ganz gut. Sie erreicht nur ein Alter von 200 Jahren. Mit Vorliebe wird sie in Parkanlagen angepflanzt. Eine Zierde ist ihr herbstliches, besonders bei jungen Bäumen, intensiv rotgefärbtes Laub (5).

Die Roteiche erreicht eine Höhe von 30 m und bildet im Einzelstand einen starken, kurzen Stamm mit einer weit ausladenden Krone. Im geschlossenen Bestand weist sie säulenförmige Stämme und eine kleine rundliche Krone auf. Der Stamm ist bis ins hohe Alter von einer glatten, graugrünen Rinde bedeckt. Die Blätter sind 12—22 cm lang, mit 4—5 spitzgezähnten Lappen (1) auf jeder Seite. Die Blüten (2) ähneln denen der europäischen Eichenarten, aber die Eicheln reifen zwei Jahre. Im Herbst des ersten Jahres sind sie kleiner als eine Erbse (3). Die Eichel ist fäßchenförmig, mit flacher Basis, rotbraun, 1,5—2,5 cm lang. Sie sitzt bis zu einem Viertel in einem breiten, flachen Becher (4).

2 ♀
4
3
2 ♂
1
5

Sumpfeiche
Quercus palustris MUENCH.

Buchengewächse
Fagaceae

Die Sumpfeiche ist ein stattlicher Baum mit einer eiförmigen Krone und Ästen, die im unteren Teil der Krone zum Boden gerichtet sind. Diese Äste vertrocknen bald und sterben ab, bleiben aber weiterhin am Stamm. Die Sumpfeiche stammt aus dem östlichen Teil Nordamerikas, wo sie von Tennessee und Virginia nach Norden bis in das Gebiet der Großen Seen in Kanada verbreitet ist. Ihr sagen überschwemmte Tonböden zu. Sie wächst hier in Mischbeständen mit anderen Laubbäumen, wie die Amerikanische Ulme *(Ulmus americana),* der Amberbaum, Zürgelbaum und andere Eichenarten. Nach Europa wurde sie 1770 eingeführt. Sie wird in West- und Mitteleuropa in Parkanlagen kultiviert, weil ihre tief gelappten, im Herbst purpurrot gefärbten Blätter sehr zierend sind. Die Blüten erscheinen zeitig im Frühjahr, früher als bei den anderen amerikanischen Eichenarten. Sie verlangt einen helleren Standort und verträgt seitliche Beschattung. In West- und Mitteleuropa ist sie ausreichend frostfest. Das Wurzelsystem ist ziemlich flach, so daß sie gut umgepflanzt werden kann. Gegen Abgase ist sie relativ widerstandsfähig und wird deshalb oft in städtischen Alleen gepflanzt. Das Holz hat einen braunen Kern und einen fast weißen Splint und wird vor allem zur Möbelherstellung verwendet.

Die Sumpfeiche ist ein 20—30 m hoher Baum. Bis zum mittleren Alter behält sie eine glatte, graugrüne Rinde. Die Blätter sind tief gelappt, mit 5—7 fast senkrecht abstehenden Lappen. Sie sind 8—11 cm lang, am Blattgrund keilförmig, unterseits in den Nervenachseln behaart (1). Die männlichen Blüten sind in 5—7 cm langen Kätzchen vereint, die weiblichen wachsen auf kurzen Stielen. Die Eicheln reifen im zweiten Jahr. Sie sind fast sitzend, 1 cm lang und nur zu einem Viertel von einem flachen Fruchtbecher (2) eingeschlossen.

1
2

Paulownie, Blauglockenbaum Braunwurzgewächse
Paulownia tomentosa (THUNB.) STEUD. *Scrophulariaceae*

Die Paulownie ist ein laubabwerfendes Gehölz mit einer breiten, rundlichen Krone und einem oft krummen, bis 1 m starken Stamm. Sie stammt aus Mittelchina und wurde lange in Japan kultiviert. Nach Europa wurde sie 1834 eingeführt und heute wird sie in West- und Südeuropa häufig gepflanzt. In Mitteleuropa gedeiht sie nur in warmen Gebieten, weil sie frostempfindlich ist. Sie entwickelt nur in Weingegenden Blüten und Früchte. Durch Fröste unter −20 °C wird sie stark beschädigt und friert z.B. in Stockholm, Warschau oder Kiew bis zum Boden zurück. Auf fruchtbaren, frischen Böden ist sie ein raschwüchsiges Gehölz und erreicht mit 10 Jahren eine Höhe von etwa 5 m. Auf weniger nährstoffreichen Böden wächst sie langsamer. Sie bildet üppigen Stockausschlag und nach der Beschädigung durch Frost treibt sie bis 2 m lange Triebe. Sie ist lichtliebend. In warmen Gegenden wird sie in Parks gepflanzt, weil die großen Blätter und die in Rispen stehenden violetten Blüten sehr schön sind. Die Blüten werden schon am Ende des Sommers angelegt, den Winter überdauern sie in Form von Blütenknospen und entfalten sich im Mai des nächsten Jahres zur Zeit des Blattaustriebes. Die Samen der Paulownie enthalten über 20 % Fette, die zur Herstellung von Lacken verwendet werden. Das Holz ist leicht, weich aber dauerhaft.

Die Paulownie ist ein ungefähr 15 m hoher Baum. Der Stamm ist von einer dünnen, grauschwarzen Rinde bedeckt. Die Knospen und Blätter sind gegenständig. Die Blätter sind rundlich 15—25 cm lang, am Blattgrund abgerundet, ganzrandig, manchmal flach dreilappig (1). Unterseits sind sie rostfarben filzig. Nach dem Zurückfrieren entwickeln sich auf den üppig wachsenden Trieben bis 50 cm lange Blätter. Die Blüten (2) wachsen in großen, 15—20 cm langen endständigen Rispen. Sie sind glockenförmig, mit einem Durchmesser von 5—6 cm, violett mit dunklen Flecken und innen mit gelben Streifen. Die Frucht ist eine eiförmige, holzige, 3—4 cm lange, kastanienbraune Kapsel (3). Sie reift im Oktober und springt zweiklappig auf. Sie enthält viele kleine geflügelte Samen (in einer Kapsel bis 2000), die ihre Keimfähigkeit nur bis zum Frühjahr behalten.

1
2
3

Gemeiner Trompetenbaum
Catalpa bignonioides WALT.

Trompetenbaumgewächse
Bignoniaceae

Westlicher Trompetenbaum
Catalpa speciosa (WARDER ex BARNEY) ENGELM.

Der Gemeine Trompetenbaum ist ein kleinerer Baum, der höchstens 15 m hoch wird. Natürlich wächst er im südöstlichen Teil der USA in den Staaten Georgia bis Mississippi. Er tritt hier auf warmen, fruchtbaren Lokalitäten und im Tal großer Ströme in Laubmischwäldern auf. In warmen Gebieten wächst er in der Jugend rasch, mit 20 Jahren erreicht er eine Höhe von 7–8 m. Seine großen, hellgrünen Blätter und die aufrecht stehenden Rispen der weißlichen Blüten wirken sehr schön. Nach Europa wurde er 1726 eingeführt und wird in West-, Süd- und Mitteleuropa in Parks kultiviert.
Noch beliebter ist in Europa der Westliche Trompetenbaum *(C. speciosa),* der oft als Gewöhnlicher Trompetenbaum bezeichnet wird. Er wächst in den USA weiter nördlich, in den Staaten Missouri, Indiana, und Kentucky. Er tritt hauptsächlich in Tälern großer Ströme auf gut bewässertem Boden auf. Er verträgt leichte Sandböden besser als der Gemeine Trompetenbaum und ist auch frostfester. Er blüht um ungefähr 14 Tage früher und hat größere Blüten, die in lockeren Rispen angeordnet sind. Nach Europa wurde er erst 1800 eingeführt und wird in Parks und Alleen gepflanzt. Er liefert leichtes Holz, das gegen Fäulnis sehr widerstandsfähig ist und im Bauwesen zur Herstellung von Telegrafenmasten, Pfählen usw. verwendet wird.

C. bignonioides

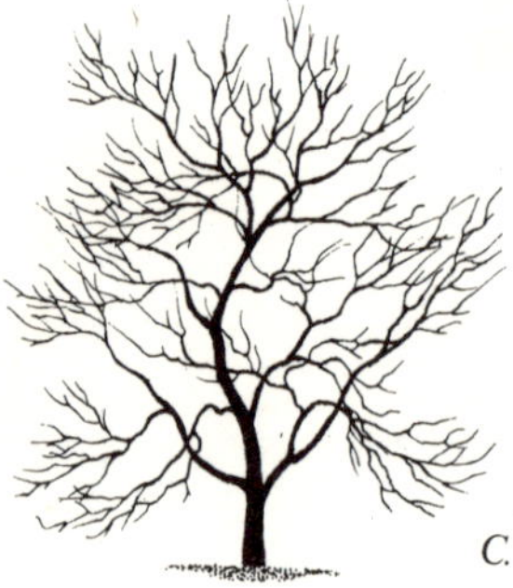

C. speciosa

Der Gemeine Trompetenbaum bildet einen krummen Stamm, der von einer schuppigen, rissigen Borke bedeckt ist und eine breit ausladende Krone.
Die Knospen stehen zu dritt in Quirlen. Die Blätter sind herzförmig oval (1), 10–12 cm lang und riechen beim Zerreiben unangenehm. Die weißlichen Blüten von 3–4 cm Durchmesser, die innen eine gelbe und violette Zeichnung aufweisen, bilden aufrechte Rispen (2). Sie erscheinen im Juli. Die Frucht ist eine zigarrenförmige, 20–40 cm lange und 8 mm breite Kapsel (3). Sie reift im Oktober und enthält flache behaarte, 2,5 cm lange Samen.

Der Westliche Trompetenbaum ist ein stattlicher Baum, der eine Höhe von 25 m erreicht. Er hat größere, bis 40 cm lange Blätter ohne Geruch. Die Früchte sind längliche, 12 mm breite Kapseln (4).

2
3
1
4

Gemeine Esche
Fraxinus excelsior L.

Ölbaumgewächse
Oleaceae

Die Gemeine Esche ist ein hoher Baum mit einem geraden Stamm und einer hoch angesetzten, lichten Krone. Natürlich wächst sie in Mittel-, West- und Südeuropa. Im Norden ist sie von Großbritannien über Skandinavien bis Leningrad und zur Wolga verbreitet. Am häufigsten tritt sie in Auenwäldern entlang von Flüssen und Bächen auf. Sie stellt hohe Ansprüche an die Bodenfeuchtigkeit und -fruchtbarkeit, meidet aber nasse Stellen mit stehendem Wasser. In Mulden entlang von Bächen und auf Steingeröll steigt sie bis 1000 m hoch. In kühlen Lagen werden die ausschlagenden Triebe durch Spätfröste beschädigt. In der Jugend verträgt sie starke Beschattung und verjüngt sich leicht natürlich im Unterholz. Im höheren Alter steigt ihr Lichtbedürfnis und sie verlangt einen sonnigen Standort. Sie bildet ein verzweigtes Wurzelsystem und festigt die Ufer von Wasserläufen gut. Sie weist auch üppigen Stockausschlag auf. Sie ist ein raschwüchsiges Gehölz, mit 20 Jahren erreicht sie eine Höhe von 8—9 m. Sie wird 200 bis 300 Jahre alt. Ihr hartes, elastisches Holz eignet sich zur Herstellung von Sportgeräten, hölzernen Wagen und Möbeln. Die Elastizität des Eschenholzes machten sich schon die alten Römer zunutze und stellten aus ihm Lanzen her. In Parks und Alleen werden hauptsächlich die zierenden Sorten 'Pendula' mit einer überhängenden Krone, 'Nana' mit einer kugelförmigen Krone oder 'Diversifolia' mit einfachen Blättern gepflanzt.

Die Gemeine Esche erreicht eine Höhe von 35 m. Der Stamm ist von einer feinrissigen grauen Borke bedeckt. Im Winter fällt sie durch die gegenständigen schwarzen Knospen auf (4). Die Blätter sind unpaarig gefiedert, 20—30 cm lang und bestehen aus 9—13 lanzettlichen Blättchen, die 6—12 cm lang sind (1). Die Blättchen sind zugespitzt, am Rand gesägt. Die Blüten erscheinen vor dem Austreiben der Blätter und stehen in bündelförmigen Rispen (2) an den Zweigspitzen. Sie sind unauffällig, denn sie haben keine Kronblätter. Die Früchte sind flach (3) mit einem bräunlichen Flügel. Sie sind ungefähr 3—4 cm lang und 8 mm breit. Sie hängen lange bis in den Winter hinein in überhängenden Rispen am Baum.

1
2
3
4

Weißesche
Fraxinus americana L.

Ölbaumgewächse
Oleaceae

Von allen in Nordamerika wachsenden Eschenarten ist die Weißesche die häufigste. Ihr Verbreitungsgebiet erstreckt sich von Südkarolina und Tennessee bis nach Kanada in die Staaten New Brunswick und Ontario. Sie wächst hier in Laubmischwäldern auf Flußterrassen und an feuchten Stellen entlang der Bäche. Sie verträgt nassen Boden und kurzfristige Überflutungen besser als die Gemeine Esche. Sie stellt auch geringere Anforderungen an die Bodenfruchtbarkeit und leidet nicht unter Spätfrösten, weil sie später austreibt. Ähnlich wie die Gemeine Esche verträgt sie in der Jugend starke Beschattung, aber im Alter verlangt sie einen sonnigen Standort. Nach Europa wurde sie schon 1724 eingeführt und ist auch in Schweden oder in Leningrad frostfest. Sie wird als Ziergehölz in Parks und Alleen gepflanzt. Ihr Holz ist von geringerer Qualität als das der Gemeinen Esche. In Europa wird auch die ihr nahe verwandte Rote Esche *(F. pennsylvanica* MARSH*)* kultiviert, die sich von der Weißesche durch ihre behaarten Triebe und die schmäleren lanzettlichen, länglich zugespitzten und am Rand gesägten Blättchen unterscheidet.

Die Weißesche erreicht eine Höhe von 30 m und einen Stammdurchmesser von über 1 m. Der Stamm ist von einer grauen, tief längsgefurchten Borke bedeckt. Die Knospen an den jungen Zweigen sind rostbraun. Die Blätter sind unpaarig gefiedert, 20—25 cm lang und meistens aus 7 Blättchen zusammengesetzt (1). Die Blättchen sind länglich eiförmig, 7—12 cm lang, ganzrandig oder in der oberen Hälfte wenig gezähnt. Unterseits sind sie kahl. Die Blüten (2) haben ähnlich wie die der Gemeinen Esche keine Kronblätter. Auf einem Baum findet man meistens nur Blüten eines Geschlechts. Die Frucht ist ein Nüßchen, das ungefähr 4 cm lang und spindelförmig ist. Im Querschnitt ist es rund, um die Hälfte schmäler als der flache, zungenförmige Flügel (3) und reift im Oktober. Der Samen keimt im folgenden Frühjahr.

215

Manna-Esche, Blumenesche

Fraxinus ornus L.

Ölbaumgewächse

Oleaceae

Die Manna-Esche verdankt ihren Artnamen dem Manna genannten Saft, der im Sommer aus ihrem Stamm fließt. Sie ist ein südeuropäisches Gehölz, das vor allem in Italien und auf dem Balkan verbreitet ist. Im Westen reicht sie auch nach Spanien, im Norden verläuft die Grenze ihrer natürlichen Verbreitung durch die Schweiz, Österreich und die Tschechoslowakei. Sie wächst hier an trockenen und sonnigen Hängen in der Gesellschaft von Eichen, der Steinweichsel und der Hopfenbuche. Auf der Balkanhalbinsel findet man sie bis zu einer Höhe von 1000 m ü.M. Sie ist lichtliebend und sehr bescheiden in Bezug auf Feuchtigkeit und Bodenfruchtbarkeit. Sie verträgt auch trockene Lokalitäten und stellt deshalb ein wichtiges Meliorationsgehölz für die Aufforstung von Karstgebieten dar. An heißen Julitagen fließt aus den Rissen am Stamm Saft aus, der bis zum Abend zu Körnern erstarrt. Manchmal werden die Bäume auch angeschnitten, damit der Saft reicher fließt. Das Manna wird in der Pharmazie verwendet. Es wird Hustenmitteln und verdauungsfördernden Arzneien zugegeben. Die Blüten der Manna-Esche entfalten sich ungefähr 14 Tage später als die der Gemeinen Esche. Sie sind sehr schön und deshalb wird die Manna-Esche in warmen Gegenden als Ziergehölz in Parkanlagen gepflanzt.

Die Manna-Esche erreicht nur eine Höhe von 8—15 m. Der Stamm ist von einer glatten, grauen Rinde bedeckt, die Krone ist dicht, kugelig. Die Knospen sind grauviolett, die Endknospe ist viel größer als die Seitenknospen (4). Die Blätter sind unpaarig gefiedert, 25—30 cm lang und bestehen aus 5—9 eiförmigen Blättchen (1). Die Blättchen sind 5—7 cm lang, kurz gestielt, am Rand gesägt. Ihre Breite ist bei den einzelnen Formen veränderlich. Die zweihäusigen Blüten sind in aufrechten 20 cm langen Rispen (2) angeordnet. Sie weisen eine vierzählige, weiße Krone

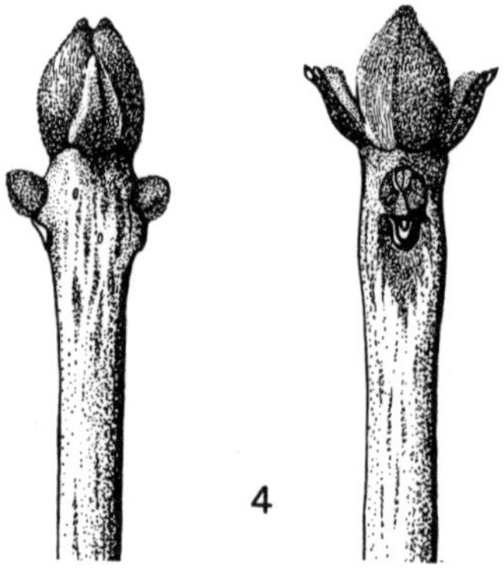

4

und Staubbeutel mit langen Staubfäden auf. Die Frucht ist ein flaches Nüßchen mit einem zungenförmigen Flügel. Es ist 2,5 cm lang (3).

Schwarzer Holunder — Geißblattgewächse

Sambucus nigra L. — *Caprifoliaceae*

Der Schwarze Holunder ist fast über ganz Europa verbreitet, im Norden reicht er bis nach Schottland, Südschweden und in die Baltischen Republiken, im Süden dringt er bis nach Vorderasien vor. Er tritt häufig auf, oft als lästig wuchernder Strauch in Laub- und Nadelwäldern, auf Schuttplätzen, in vernachlässigten Gärten und Parkanlagen von den Niederungen bis ins Mittelgebirge. In Südeuropa gelangt er bis in eine Höhe von 1000 m. Am besten gedeiht er auf stickstoffreichen Böden. Für seine Verbreitung sorgen vor allem die Vögel, die seine Früchte fressen. Die Menschen kultivierten den Schwarzen Holunder von alters her als Heilpflanze. Die Blüten und Früchte finden in der Volksheilkunde Verwendung, in der Pharmazie werden auch die Blätter und die Rinde genutzt. Das harte, gelbweiße Holz ist im Boden gegen Fäulnis widerstandsfähig und dient deshalb zur Herstellung von Stützpfählen, die z.B. im Weinbau verwendet werden und zur Fertigung anderer kleiner Gegenstände. Der Schwarze Holunder ist auch ein wichtiges Meliorationsgehölz, das durch den Laubabfall den Boden verbessert. An Hängen trägt er mit seinem Wurzelsystem zur Festigung des Bodens bei.

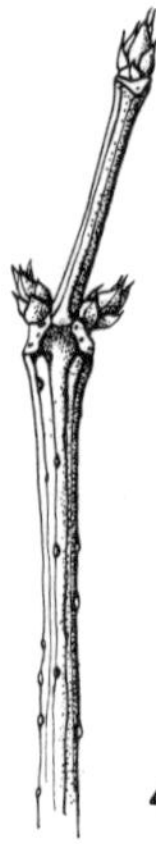

4

Der Schwarze Holunder tritt meistens als Strauch auf, bildet aber auch 8 m hohe Bäume mit einer kugeligen Krone und einem Stammdurchmesser bis 40 cm. Im Alter ist der Stamm von einer grobrissigen, grauschwarzen Borke bedeckt. Die Knospen sind gegenständig, halbnackt (4). Die grauen Zweige enthalten ein breites weißliches Mark. Die Blätter sind unpaarig gefiedert, etwa 30 cm lang, aus 5–7 Blättchen (1) zusammengesetzt. Die Blättchen sind eiförmig lanzettlich, 6 bis 12 cm lang, zugespitzt, am Rand grob gesägt. Die Blüten verbreiten einen unangenehmen Geruch. Die zwittrigen gelblich weißen Blüten sind in flachen Schirmrispen angeordnet (2), die 12–20 cm breit sind. Sie erblühen im Juni. Im September reifen die blauschwarzen, glänzenden Beeren von 5 mm Durchmesser, die in dichten Rispen stehen (3). Sie enthalten schwarzvioletten Saft und 3 tropfenförmige Samen.

3
2
1

Register der deutschen Namen

Register der lateinischen Namen